Ratgeber Stiften
Band 2: Strategieentwicklung – Förderprojekte – Öffentlichkeitsarbeit

Dirk Eilinghoff, Christian Meyn, Karsten Timmer

Ratgeber Stiften

Band 2:
Strategieentwicklung – Förderprojekte – Öffentlichkeitsarbeit

| Verlag BertelsmannStiftung

Bibliografische Information der Deutschen Bibliothek

Die Deutsche Bibliothek verzeichnet diese Publikation in der Deutschen Nationalbibliografie; detaillierte bibliografische Daten sind im Internet über http://dnb.ddb.de abrufbar.

4. Auflage 2008
© 2004 Verlag Bertelsmann Stiftung, Gütersloh
Verantwortlich: Karsten Timmer, Christian Meyn
Lektorat: Heike Herrberg
Herstellung: Sabine Reimann
Umschlaggestaltung: HTG Werbeagentur, Bielefeld
Umschlagabbildung: gettyimages
Gesamtherstellung: Hans Kock Buch- und Offsetdruck GmbH, Bielefeld
ISBN 978-3-89204-765-0

www.bertelsmann-stiftung.de/verlag

Inhalt

Vorwort 9

Einleitung 11

Kapitel 1
Von der Idee zum Projekt – erfolgreiche Stiftungsarbeit 15

**Programmschwerpunkte helfen, Kompetenz und
Ressourcen zu konzentrieren** 17

Vom Problem über die Lösung zum Projekt –
strategische Stiftungsarbeit 21
    Schritt 1: Problemanalyse 21
    Schritt 2: Lösungsansätze 24
    Schritt 3: Strategieentscheidung 25
    Schritt 4: Projektauswahl 27

Projektplanung 31

Operative Zielplanung und Evaluation 35
    Messbare Leistungen 36
    Wahrnehmbare Ergebnisse 37
    Gesellschaftliche Wirkungen 38

Inhalt

Kapitel 2
Strategien und Methoden der Stiftungsarbeit ... 41

Fördernde und operative Stiftungsarbeit ... 41

Operative Stiftungen führen ihre Projekte selbst durch ... 42

Fördernde Stiftungen unterstützen andere dabei, ihre Ziele zu verwirklichen ... 44

Förderarbeit in der Praxis ... 47

Die Beziehung zwischen Stiftung und Fördermittelempfänger ... 47

Das Ausschreibungsverfahren ... 49

Das Bewerbungsverfahren ... 53

Der Entscheidungsprozess ... 55

Die Zusammenarbeit während der Förderung ... 58

Berichtspflichten der Empfänger ... 60

Kapitel 3
Strategische Öffentlichkeitsarbeit für Stiftungen – mehr als »Gutes tun und darüber reden« ... 65

Zielgruppen ... 66

Ziele ... 67

Botschaften ... 68

Öffentlichkeitsarbeit – das Handwerkszeug ... 70

Direktansprache ... 72

Erfolg versprechende Medien ... 73

Logo und Corporate Design ... 74

Der Jahresbericht ... 76

Informationsflyer/Selbstdarstellungsbroschüre ... 77

Serienbrief (»Mailing«) ... 79

Rundbrief (»Newsletter«)	81
Internet-Angebot (»Website«)	83

Pressearbeit – vom richtigen Umgang mit Journalisten ... 85

Medien identifizieren	87
Journalistenverteiler erstellen und pflegen	88
Botschaften formulieren	90
Unterlagen für Journalisten vorbereiten	90
Bildmotive anbieten	92
Pressekonferenzen vorbereiten und durchführen	94
Medien-Echo auswerten	97

Kommunikationsplanung ... 98

Die Autoren ... 101

Vorwort

Mit diesem Band der Reihe »Ratgeber Stiften« möchten wir Sie dabei unterstützen, die Ziele und Vorstellungen, die Ihrer Stiftung zugrunde liegen, in konkrete Projekte umzusetzen. Der Ratgeber richtet sich sowohl an die Stifter, Vorstände und Geschäftsführer neu gegründeter Stiftungen als auch an alle, die in bestehenden Stiftungen Verantwortung tragen.

Eine gute Satzung und eine grundsätzliche Orientierung über die Aktivitäten der Stiftung legen den Grundstein für den Erfolg. In der praktischen Arbeit zählen dann aber vor allem das Engagement und die Kreativität derjenigen, die in Gremien und in der Projektarbeit über den weiteren Weg der Stiftung entscheiden. Mit diesem Ratgeber laden wir Sie ein, Ihre Stiftungsarbeit systematisch und erfolgsorientiert (neu) auszurichten. Stiftungsarbeit kann viele Formen annehmen – nutzen Sie die Chance, die Aktivitäten Ihrer Stiftung so zu gestalten, dass sie sowohl Ihren Vorstellungen als auch dem Gemeinwohl optimal gerecht werden.

Mit diesem Ratgeber
- unterstützen wir Sie dabei, eine Arbeitsweise zu entwickeln, mit der Sie Ihren Stiftungszweck effektiv und effizient verwirklichen,
- bieten wir Ihnen Informationen, Beispiele und Entscheidungshilfen zur erfolgreichen Projekt- und Fördertätigkeit,
- zeigen wir Ihnen praxisnah auf, wie Sie ein erfolgreiches Förderprogramm konzipieren und durchführen, und

Ziele dieses Ratgebers

Vorwort

- machen wir Sie mit den wesentlichen Techniken und Instrumenten erfolgreicher Öffentlichkeitsarbeit vertraut.

Der Ratgeber hat zwei Teile:
- Kapitel 1 und 2 widmen sich den Grundlagen erfolgreicher Stiftungsarbeit und behandeln die Fragen der Auswahl, Planung und Durchführung von Projekten.
- Da die beste Stiftungsarbeit wenig hilft, wenn niemand davon erfährt, konzentriert sich Kapitel 3 auf die Planung und Umsetzung strategischer Öffentlichkeitsarbeit.

www.ratgeber-stiften.de — Um Ihnen stets aktuelle Informationen zum Thema Stiften bieten zu können, haben wir die Internetseite www.ratgeber-stiften.de eingerichtet. Dort halten wir für Sie Informationen, Mustertexte und Adressen bereit, die den Inhalt dieses Ratgebers ergänzen und vertiefen.

Bertelsmann Stiftung – Kompetenzzentrum Stiftungswesen — Die Reihe »Ratgeber Stiften« baut auf dem Wissen und den Erfahrungen der Bertelsmann Stiftung auf, die seit mehreren Jahren ein Kompetenzzentrum Stiftungswesen unterhält. Unser Ziel ist es, Stifter und Stiftungen in ihrer Arbeit zu unterstützen. Neben internationalen Netzwerken, Publikationen, Workshops und Beratungsangeboten ist diese Reihe ein wichtiger Bestandteil unseres Bemühens, zu einem leistungsfähigen Stiftungssektor beizutragen.

Für die Mithilfe bei Recherche, Lektorat und Gestaltung dieses Bandes danken wir Julia Paschert.

Feedback — Wir freuen uns über Kritik und Anregungen. Die Adresse der Bertelsmann Stiftung finden Sie am Ende des Buches.

Dirk Eilinghoff
Christian Meyn
Karsten Timmer

Einleitung

Stiftungsmittel sind immer knapp. Keine Stiftung der Welt ist reich genug, um alle Probleme lösen zu können, die an sie herangetragen werden. Im Vergleich zu den öffentlichen Haushalten wird deutlich, dass Stiftungen nur einen relativ kleinen Beitrag zum Gemeinwohl leisten.

Wie kommt es dann aber, dass Stiftungen doch erheblichen und häufig segensreichen Einfluss auf unser Gemeinwesen nehmen können? Ein Teil der Antwort liegt in der Natur der Stiftung: Sie verfügt über das Privileg der Unabhängigkeit. Anders als Wirtschaftsunternehmen, die sich am Markt und an Kundenwünschen orientieren müssen, um zu überleben, verfügen Stiftungen über ein eigenes Vermögen, dessen Erträge die Projektarbeit langfristig finanzieren. Ihre Unabhängigkeit versetzt Stiftungen in die Lage, ohne Rücksicht auf politische Moden und wirtschaftliche Zwänge zu handeln. Sie können deshalb eigene Schwerpunkte setzen, »heiße Eisen« anfassen und innovative Projekte initiieren, deren Erfolg nicht von vornherein gesichert ist.

Unabhängigkeit ist ein Privileg …

Dieses Privileg sollten Stiftungen gleichzeitig als Verpflichtung verstehen, ihre Mittel auf optimale Weise für das Gemeinwohl einzusetzen.

… und eine Verpflichtung

Ob Stiftungsarbeit erfolgreich ist, ist nicht in erster Linie eine Frage des Geldes. Natürlich kann man mit viel Geld viele Projekte durchführen und mehr unternehmen als mit einem kleinen Budget. Aber auch mit kleinen Beträgen lässt sich – klug eingesetzt – viel erreichen. Einige Beispiele:

Stiftungsarbeit ist mehr als eine Frage des Geldes

Einleitung

Beispiele

Dussmann Stiftung
Die öffentlichen Zuschüsse, von denen die Berliner Staatsoper abhängig ist, werden von Jahr zu Jahr weiter zusammengestrichen. Die Oper braucht deshalb dringend Geld von privaten Unterstützern. Angesichts dieser Lage hätte die Stiftung des Berliner Unternehmers Peter Dussmann der Oper durch eine einmalige Förderung kurzfristig helfen können. Die Dussmann Stiftung entschied sich jedoch für eine nachhaltige Förderung: Die Stiftung finanziert die Stellen zweier Fundraiser, die der Oper systematisch neue Finanzquellen erschließen und dem Haus eine dauerhafte Zukunft sichern.

Ehlerding Stiftung
Die Hamburger Ehlerding Stiftung engagiert sich, um der wachsenden Gewalt an Schulen entgegenzuwirken. Um die soziale Kompetenz von Schülern zu stärken, bietet die Stiftung ihnen die Möglichkeit, eine Streitschlichterausbildung zu absolvieren. Die Schüler lernen dabei neue Formen der Konfliktlösung kennen und werden in die Lage versetzt, bei entsprechenden Situationen vermittelnd einzugreifen. Das Projekt wird in Bremerhavener Schulen durchgeführt und ist auf drei Jahre angelegt. Damit andere Projekte von den Erfahrungen lernen können, hat die Stiftung eine Kooperation mit der Universität Bremen vereinbart. Ein Team der Universität begleitet die Streitschlichterinitiative und versucht, aus den Bremerhavener Erfahrungen ein umfassendes Präventionskonzept zu entwickeln.
www.ehlerding-stiftung.de

Brochier Kinderfonds Stiftung
Obwohl viele wohlhabende Menschen sich gerne für Kinder einsetzen möchten, fällt es ihnen schwer, aus der Flut von Bittschriften, mit denen sie überschüttet werden, die richtigen Projekte auszuwählen – es fehlt ein vertrauensvolles Bindeglied zwischen Stiftern/Spendern einerseits und guten Projekten andererseits. Die Brochier Kinderfonds Stiftung hat es sich zur Aufgabe gemacht, dieses Bindeglied zu schaffen. Mit dem Kinderfonds Stiftungszentrum bietet sie eine Plattform, die es Menschen leicht macht, sich zu engagieren. Indem sie anderen hilft, sich für Kinder ein-

zusetzen, schafft die Stiftung mit diesem Projekt für viele Initiativen eine langfristige Finanzquelle. www.kinderfonds.org

Felix-Burda-Stiftung
Die Felix-Burda-Stiftung hat es sich zum Ziel gesetzt, die Zahl der Darmkrebs-Toten bis zum Jahr 2006 um die Hälfte zu reduzieren. Die Herausforderung liegt dabei nicht in der medizinischen Versorgung oder in fehlenden Therapiemöglichkeiten. Darmkrebs ist heilbar, wenn er nur früh genug erkannt wird. Allerdings ist die Krankheit ein Tabu – viele Menschen scheuen sich, Früherkennungsangebote zu nutzen und warten deshalb ab, bis es zu spät ist. Die Felix-Burda-Stiftung setzt deshalb auf Öffentlichkeitsarbeit und versucht, die Krankheit ins Gespräch zu bringen, um so gesellschaftliche Vorbehalte abzubauen. Spektakulär – wenn auch nicht unumstritten – war zum Beispiel die online im Internet übertragene Darmspiegelung der ehemaligen Nachrichtensprecherin Susan Stahnke. Hier zeigt sich, dass Stiftungen neue Wege erproben können, die nicht im gesellschaftlichen Mainstream liegen – häufig die Voraussetzung für einen gesellschaftlichen Wandel zum Besseren. www.darmkrebs.de

Heinz Nixdorf Stiftung/Deutsche Kinder- und Jugendstiftung
»Schüler unternehmen was« ist Titel und Leitspruch zugleich – in dem Förderprogramm der Deutschen Kinder- und Jugendstiftung (DKJS) können Schüler Eigeninitiative entwickeln und Verantwortung übernehmen, indem sie Schülerfirmen gründen. Vom Betrieb der Schulcafeteria über das Reisebüro, die Internetagentur bis hin zur Unternehmensberatung – in allen Bereichen können die Jugendlichen ihre Talente erproben. Die Stiftung hilft ihnen, ihre Ideen zu verwirklichen, und unterstützt sie durch Informationen, Beratung und eine Anschubfinanzierung. Die Schüler erwerben Schlüsselqualifikationen und soziale Kompetenzen, die ihnen den Übergang ins Erwerbsleben erleichtern. In dem Kooperationsprojekt der DKJS und der Heinz Nixdorf Stiftung sind bisher mehr als hundert Schülerunternehmen gegründet worden. www.dkjs.de

Einleitung

bridge Stiftung

Die modernen Computertechnologien bieten einzigartige Möglichkeiten der Kommunikation. Das Internet als einen Ort freier und dezentraler Kommunikation zu erhalten, ist das Ziel der »Stiftung bridge – Bürgerrechte in der digitalen Gesellschaft«. Die Stiftung setzt sich dafür ein, Bedrohungen und Gefährdungen der Informationsfreiheit frühzeitig zu erkennen und die Öffentlichkeit zu informieren. Um ihre Ziele zu verwirklichen, schreibt sie einen Preis in Höhe von 15 000 Euro aus. Gesucht werden Personen und Gruppen, die Aufklärungskampagnen über die drohende Einschränkung von Bürgerrechten im digitalen Raum durchführen wollen. Durch den Preis unterstützt die Stiftung nicht nur eine Erfolg versprechende Initiative; die Vergabe lenkt darüber hinaus öffentliche Aufmerksamkeit auf das Thema, das mit dem Preis ausgezeichnet wird. www.stiftung-bridge.de

Michael Otto Stiftung

Wasser ist Lebens- und Überlebensmittel zugleich. Daher ruft die Michael Otto Stiftung mit dem Förderprogramm »Junger Naturschutz« Kinder und Jugendliche zwischen 8 und 21 Jahren dazu auf, sich für das Wasser und die Umwelt stark zu machen. Ob als einzelner Teilnehmer oder im Team – für alle gilt es, ein überzeugendes »aqua-projekt« zu entwickeln und einzureichen. Die Stiftung unterstützt die besten Projekte mit einer Fördersumme von bis zu 25 000 Euro. Die Kinder erfahren so Anerkennung für ihre Arbeit und lernen, dass Umweltschutz mit Verantwortung Spaß macht. www.michaelottostiftung.de

Kapitel 1
Von der Idee zum Projekt –
erfolgreiche Stiftungsarbeit

> In diesem Kapitel
> - zeigen wir Ihnen, wie Sie die Ziele Ihrer Stiftung in konkrete Projekte umsetzen können,
> - machen wir Sie mit Grundbegriffen der Projektplanung und des Projektmanagements vertraut,
> - erfahren Sie, wie Sie die Mittel und Kompetenzen Ihrer Stiftung bündeln und gezielt einsetzen, und
> - vermitteln wir Ihnen die Grundlagen, um Erfolg und Wirkung Ihrer Stiftung zu bewerten.

In diesem Kapitel erfahren Sie …

Menschen handeln auf der Grundlage von Vorwissen und Erfahrung: Im Supermarkt kaufen wir meist die gleichen fünfzehn oder zwanzig Produkte, obwohl viele hundert andere Artikel zur Auswahl stehen. Unsere Wahl ist das Ergebnis vieler Jahre an Erfahrung, in denen wir gelegentlich Neues ausprobiert und unsere Auswahl je nach Ausgang dieses Experiments angepasst haben.

Auch in der Stiftungsarbeit müssen Sie häufig eine Auswahl treffen und zwischen verschiedenen möglichen Projekten entscheiden. Dabei spielt Erfahrung eine große Rolle, ebenso wie die Fähigkeit, offen zu bleiben für neue Impulse. Unabhängig davon, ob die Stiftung operativ

Leitfragen bei der Projektauswahl

Von der Idee zum Projekt – erfolgreiche Stiftungsarbeit

oder fördernd tätig wird, müssen die folgenden Fragen beantwortet werden:
- Auf welches gesellschaftliche Problem möchte die Stiftung mit ihren Projekten eine Antwort geben?
- Wie muss das Stiftungsprojekt aussehen, damit die Stiftung mit den zur Verfügung stehenden Mitteln die größtmögliche Wirkung erzielt?

Kurz gesagt, lautet die Frage: Was ist erfolgreiche Stiftungsarbeit?

Was ist erfolgreiche Stiftungsarbeit?

Zwei Erfolgskomponenten: Finanzen und Inhalte

Der Erfolg einer Stiftung setzt sich aus zwei Komponenten zusammen: In finanzieller Hinsicht ist eine Stiftung erfolgreich, wenn sie ihr Vermögen sicher und ertragbringend verwaltet und gegebenenfalls Zustiftungen und Spenden einwirbt.

In inhaltlicher Hinsicht – und die Inhalte, also die Verwirklichung des Stiftungszwecks, sind ja der Existenzgrund einer Stiftung – stehen die Durchführung von Projekten oder die Vergabe von Fördermitteln im Zentrum. In diesem Bereich der Stiftungstätigkeit ist Erfolg schwieriger zu definieren und zu messen. Die Leitfrage lautet: Werden die Stiftungsmittel in bestmöglicher Weise zur Verwirklichung des Stiftungszwecks eingesetzt?

Objektive Erfolgskriterien sind die Ausnahme

Objektive Kriterien für die Einschätzung von Erfolg im inhaltlichen Bereich gibt es nur im Ausnahmefall. Wenn der Zweck einer Stiftung darin besteht, die Kindersterblichkeit in einem afrikanischen Land zu reduzieren, kann man dies in Zahlen erfassen. Schwieriger ist es schon bei der Förderung der schönen Künste oder wenn die Stiftung sich für Veränderungen in der Politik auf nationaler oder internationaler Ebene einsetzt. Hier hat der Erfolg immer viele Mütter und Väter, und zuweilen fällt es schwer, bestimmte Ergebnisse auf die Tätigkeit der Stiftung zurückzuführen.

Herausforderung Stiftungsarbeit

Deswegen besteht die besondere Herausforderung der Stiftungsarbeit darin, selbst konkrete und sinnvolle Ziele zu definieren und das Maß ihrer Erreichung zu überprüfen. Dabei müssen wir uns damit abfinden, dass gute Stiftungsarbeit nicht im Labor entsteht und messbar ist, sondern in der Praxis aus einer gelungenen Mischung von systematischem und intuitivem Vorgehen entsteht: Überzeugende Stiftungsarbeit vereint Kunst und Können. Die Schlussfolgerungen:

- Gutes finanzielles Management ist die Basis für eine erfolgreiche Stiftungsarbeit.
- Erfolgreiche inhaltliche Stiftungsarbeit erfordert Kenntnis des Umfelds, systematisches Vorgehen, Mut zur Entscheidung und Bereitschaft zur kritischen Reflexion.
- In den verantwortlichen Stiftungsgremien müssen Verwalter und Gestalter zusammenarbeiten.
- Alle Aktivitäten der Stiftung müssen auf den Erfolg der Projekte und Förderprogramme ausgerichtet werden.

In den folgenden Abschnitten möchten wir Ihnen vorstellen, wie Sie die Entscheidungen über die Projekte Ihrer Stiftung systematisch vorbereiten und treffen können. Dieses Vorgehen können sich sowohl kleine als auch große, sowohl operative als auch fördernde Stiftungen zunutze machen. Auch wenn Sie bereits eine klare Vorstellung davon haben, wie Ihre Stiftung arbeiten soll, möchten wir Sie einladen, den Überlegungen zu folgen – sicherlich ergeben sich neue Impulse und Anregungen.

Systematisches Vorgehen sichert den Erfolg

Programmschwerpunkte helfen, Kompetenz und Ressourcen zu konzentrieren

Gerade in Zeiten, in denen staatliche Zuschüsse für gemeinnützige Projekte und Organisationen allerorten zusammengestrichen werden, kommen Stiftungen oft in die Versuchung, an vielen Stellen gleichzeitig helfen zu wollen. Die Gefahr ist groß, dass sie auf diese Art niemandem gerecht werden.

Bevor Sie daran gehen, konkrete Projekte zu entwickeln, sollten Sie daher in einem ersten Schritt die großen Themen bestimmen, denen sich Ihre Stiftung widmen soll. Gerade wenn sie laut Satzung mehrere Zwecke verfolgt, ist es wichtig, Bereiche zu bestimmen, auf die sich die Stiftung konzentriert. Die Schwerpunkte konkretisieren die Zweckbestimmungen der Satzung und spitzen sie auf ganz bestimmte Tätigkeitsfelder zu.

Schwerpunkte fokussieren die Stiftungsarbeit

Von der Idee zum Projekt – erfolgreiche Stiftungsarbeit

Praxis-Tipp

> **Was tun bei mehreren Stiftungszwecken?**
> Häufig ist die Stiftungssatzung bewusst breit angelegt und führt einen regelrechten Katalog von Satzungszwecken auf. Dies ermöglicht der Stiftung, ihre Arbeit im Laufe von Jahren und Jahrzehnten an veränderte Umfeldbedingungen anzupassen und sich neuen Herausforderungen zu stellen. Falls die Satzung Ihrer Stiftung mehrere Stiftungszwecke aufführt, sollten Sie bedenken, dass nicht alle Zwecke zu jeder Zeit gleichmäßig verwirklicht werden müssen. Sie können sich für eine bestimmte Zeit darauf konzentrieren, nur einen oder wenige der Zwecke zu verfolgen. Gerade in der Aufbauphase plädieren wir sehr dafür, diese Möglichkeit zu nutzen und die Mittel gezielt in nur wenigen Bereichen einzusetzen.

Bedeutung von Programmschwerpunkten

Durch die Festlegung von Programmschwerpunkten
- werden die Mittel der Stiftung gebündelt und auf Aktivitäten konzentriert, mit denen in einem abgegrenzten Tätigkeitsfeld eine spürbare Wirkung erzielt wird,
- legt die Stiftung aktiv fest, was sie für wichtig erachtet, und entgeht so der Gefahr, nur auf Anträge reagieren zu können bzw. zu müssen,
- gewinnt die Stiftung Profil nach außen, denn ein klares Profil lässt sich leichter an Projektpartner und Unterstützer kommunizieren und schirmt Fördermittelanträge, die außerhalb der Schwerpunkte liegen, von der Stiftung ab,
- werden die internen Stiftungsabläufe vereinfacht, weil den Entscheidungen über den Einsatz der Mittel klare Kriterien zugrunde liegen,
- kann die Stiftung in einem bestimmten Gebiet gezielt Kompetenz, Kontakte und Erfahrungen aufbauen.

Beispiel

> **Die Bürgerstiftung Hamburg**
> Als die Bürgerstiftung im März 1999 gegründet wurde, stand sie vor der Herausforderung, mit einem begrenzten Etat möglichst viel Wirkung zu entfalten. Nur so konnte sie weitere Zustifter und Spender überzeugen, sich für die Stiftung zu engagieren.

Programmschwerpunkte helfen, Kompetenz und Ressourcen zu konzentrieren

> Da die Arbeit mit Kindern und Jugendlichen zum einen besonders nachhaltig und zum anderen in der Öffentlichkeitsarbeit leicht zu vermitteln ist, beschloss der Vorstand, dass die Stiftung ihre Mittel während der Aufbauphase auf die Kinder- und Jugendarbeit konzentrieren solle. Andere Satzungszwecke wie der Umweltschutz oder die Förderung von Wissenschaft und Forschung wurden zunächst zurückgestellt.
>
> Da auch die Kinder- und Jugendarbeit noch ein zu weites Feld von Aktivitäten umfassen kann, setzte die Stiftung drei inhaltliche Schwerpunkte auf Themen, die den Gründungsstiftern besonders am Herzen lagen: Prävention von Jugendgewalt, Jugend und Demokratie, Netzwerke und Beratung.
>
> Im Rahmen dieser Schwerpunkte unterstützt die Bürgerstiftung verschiedene Projekte, durch die sie binnen kurzer Zeit ein klares Profil und gutes Image gewinnen konnte.

Ausgangspunkt und Richtschnur für die Schwerpunktsetzung der Stiftung können nur die Werte, Motive und Ziele des Stifters sein. Denn eine objektive Betrachtung darüber, wo der gesellschaftliche Bedarf gerade am größten ist, gibt es nicht. Allenfalls Kriterien wie die Öffentlichkeitswirkung oder die Tatsache, dass in einem Betätigungsfeld bereits viele Stiftungen und Vereine aktiv sind, während ein anderes vernachlässigt wird, können in die Entscheidung eingehen.

Die Richtschnur: Werte, Motive und Ziele des Stifters

> **Die Carnegie Stiftung**
> Die Carnegie Stiftung (Carnegie Corporation of New York) gibt bereits seit fast hundert Jahren den größten Teil ihrer Mittel in den beiden Schwerpunkten Bildung und Erziehung sowie Frieden und Sicherheit aus. Dies entspricht dem Willen ihres Stifters, Andrew Carnegie, der der Stiftung als Ziel »the advancement and diffusion of knowledge and understanding« auf den Weg gegeben hatte. Mit dieser spezifischen Aufgabenstellung hat sich die Stiftung über die Jahrzehnte in der amerikanischen Stiftungslandschaft klar positioniert und schafft es gleichzeitig immer wieder, mit Einzelprojekten Akzente zu setzen.

Beispiel

Von der Idee zum Projekt – erfolgreiche Stiftungsarbeit

Prioritäten festlegen ...

Bei der Entscheidung über die Schwerpunkte sollten eine bestimmte Anzahl von Tätigkeitsfeldern festgelegt und Prioritäten benannt werden, an denen sich die Entscheidungen über die Verteilung der Stiftungsmittel zukünftig orientieren können.

... aber Spielräume lassen

Die inhaltlichen Schwerpunkte dürfen allerdings nicht wie in Stein gemeißelt sein. Die Stiftung sollte ihre Tätigkeitsfelder regelmäßig hinterfragen und prüfen, ob sie den Anforderungen nach wie vor gerecht werden. Bei der inhaltlichen Festlegung sollten Sie daher daran denken, einen Zeitrahmen der Gültigkeit zu bestimmen. Schaffen Sie darüber hinaus Strukturen, mit deren Hilfe die Schwerpunktsetzung und Profilierung der Stiftung regelmäßig überprüft wird. Dies kann etwa eine jährliche Strategieklausur sein, bei der Schwerpunktsetzung, Strategien und Projekte auf den Prüfstand kommen.

Praxis-Tipp

Beziehen Sie das Umfeld und Experten von Anfang an mit ein

Die Festlegung von Programmschwerpunkten ist eine gute Gelegenheit, das gesamte Umfeld der Stiftung von Beginn an in die Aktivitäten einzubinden. Nutzen Sie etwa die Möglichkeit, mit Freunden und Förderern sowie mit möglichen Projektpartnern über die zukünftigen Tätigkeitsfelder der Stiftung zu beraten. Damit schaffen Sie Verbundenheit und Verständnis für ihre Arbeit.

Darüber hinaus sollten Sie auch von der Möglichkeit Gebrauch machen, externen Sachverstand einzubeziehen: Binden Sie Wissenschaftler, Vertreter staatlicher Stellen, die mit dem Problem befasst sind, Betroffene oder Mitarbeiter anderer Stiftungen und Vereine als Experten ein. Diese Beratungen können in Form eines Workshops zur Programmfindung bereits vor Gründung der Stiftung stattfinden.

Unterscheiden Sie aber deutlich: Die externen Experten beraten die Stiftungsgremien – die Entscheidungen muss die Stiftung selbst treffen.

Vom Problem über die Lösung zum Projekt – strategische Stiftungsarbeit

Mit der Bestimmung inhaltlicher Schwerpunkte ist ein erster wichtiger Schritt getan: Sie haben festgelegt, mit welchen großen Themen sich die Stiftung beschäftigen soll. Doch wie kommen Sie von diesen Themen zu konkreten Projekten?

Um diese entwickeln oder auswählen zu können, grenzen Sie im nächsten Schritt das Problem, an dem Ihre Stiftung arbeiten soll, weiter ein. Wahrscheinlich schweben Ihnen schon bestimmte Projekte oder Projektarten vor, zum Beispiel eine öffentlichkeitswirksame Veranstaltung oder die Vergabe von Stipendien. Mit dem Verfahren, das wir Ihnen im Folgenden vorschlagen, können Sie prüfen, ob diese Projektideen wirklich den Kern Ihres Problems treffen oder ob Sie vielleicht über Alternativen nachdenken sollten.

> **Projektentwicklung in vier Schritten**
> 1. Analyse: Wie lässt sich das Problem genau beschreiben, das die Stiftung angehen wird?
> 2. Lösungsansatz: An welchen Stellen kann die Stiftung auf Faktoren Einfluss nehmen, die mit dem Problem zu tun haben?
> 3. Strategie: Auf welchem Weg wird die Stiftung einen bestimmten Lösungsansatz verfolgen?
> 4. Auswahl: Wie wird die Strategie konkret umgesetzt?

Die vier Schritte der Projektentwicklung

Im Folgenden zeigen wir Ihnen an einem konkreten Beispiel, wie Sie mit den vier Schritten Projekte zur Umsetzung Ihres Stiftungszwecks auswählen können.

Schritt 1: Problemanalyse

Die Welt ist komplex – jedes Problem hat bestimmte Ursachen und Folgen und hängt mit anderen Problemen auf unterschiedlichste Weise zusammen. Es ist für gute Stiftungsarbeit nicht notwendig, alle Zu-

Von der Idee zum Projekt – erfolgreiche Stiftungsarbeit

sammenhänge bis ins Kleinste zu analysieren; aber Sie sollten eine ungefähre Vorstellung davon haben, an welcher Stelle einer Kette von Ursachen und Wirkungen Sie mit Ihrer Arbeit ansetzen.

Beispiel
Ihre Stiftung setzt sich für Kinder und Jugendliche ein. Eines Tages lesen Sie in der Zeitung: »In der örtlichen Realschule wird nur jedes zweite Kind in die neunte Klasse versetzt.« Durch weitere Artikel und in Gesprächen mit Lehrkräften, Schülern und Eltern erfahren Sie Zusammenhänge und Hintergründe: In der Schule beträgt der Ausländeranteil 40 Prozent, viele Schüler haben Schwierigkeiten beim Lesen, es gibt keine Schulbibliothek, häufig fällt Unterricht wegen fehlender Lehrer aus, von den Nichtversetzten bekommt die Hälfte später keinen Ausbildungsplatz, Eltern sind in die Schularbeit nicht einbezogen, auf dem Schulhof kommt es beinahe täglich zu Schlägereien.

Von diesen Fakten bringen Sie einige in eine plausible Beziehung zueinander, andere haben keine ursächliche Verbindung:

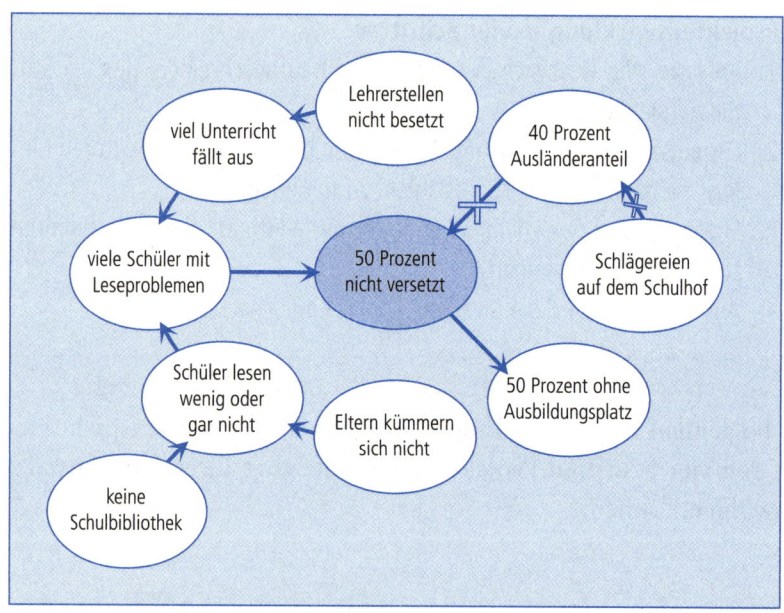

Bei einigen Punkten wissen Sie vielleicht (noch) nicht, wie sie ins Bild passen. Das ist nicht weiter schlimm – Sie können die Analyse jederzeit verfeinern oder bestimmte Aspekte, die Sie nicht interessieren, vorläufig ausblenden.

Vom Problem über die Lösung zum Projekt – strategische Stiftungsarbeit

> Die Analyse bringt vielleicht schon die ersten überraschenden Ergebnisse: Eventuell können Sie bestimmte Ursachen, die Sie vermutet hatten, schon ausklammern. So könnte Ihre Analyse zeigen, dass zwischen der Herkunft und der Versetzung kein Zusammenhang besteht, wohl aber zwischen der Zahl der gelesenen Bücher und der Versetzung. Auch bei den Schlägereien sind die ausländischen Schüler nicht häufiger beteiligt als die deutschen. Wenn Sie zunächst vorhatten, sich vor allem auf die Schüler ausländischer Herkunft zu konzentrieren, zeigt die Analyse, dass es vielleicht besser ist, sich um diejenigen zu kümmern, die die meisten Schwierigkeiten beim Lesen haben.

Vielleicht haben Sie es schon gemerkt: Die Problembeschreibung »keine Schulbibliothek« zeigt – genau genommen – die Abwesenheit einer spezifischen Lösung. Sie unterstellt, dass eine Schulbibliothek hilfreich ist, damit Kinder lesen. Sicher eine plausible Annahme, doch wenn man nicht aufpasst, kann eine solche Formulierung den Blick auf alternative Lösungen verbauen. Denn Bücher und andere Medien könnten die Schüler auch in der Stadtbibliothek bekommen oder sich gegenseitig ausleihen. Das heißt: Schauen Sie sich die möglichen Ursachen und die dafür in Frage kommenden Lösungen genau an. Sobald Zusammenhänge schriftlich festgehalten sind, entwickeln sie schnell ein Eigenleben und verhindern vielleicht eine kreative Alternative.

Probleme lösungsneutral beschreiben

> **Wie erfahre ich mehr über das Problem, seine Ursachen und die Folgen?**
> Grundlage für eine gute Analyse sind Fakten, Einschätzungen von Experten und Erfahrungswissen. Nutzen Sie alle verfügbaren Informationsquellen, um Ihr Verständnis des Arbeitsfeldes Ihrer Stiftung zu verbessern. Fragen Sie Freunde und Bekannte, denen Sie vertrauen, aber scheuen Sie sich auch nicht, Experten und Betroffene zu Rate zu ziehen. Hilfreiche Leitfragen für Ihre Recherchen:
> - Welche Entwicklungen erwartet Ihr Gesprächspartner in den nächsten Jahren?

Praxis-Tipp

Von der Idee zum Projekt – erfolgreiche Stiftungsarbeit

> - Welche anderen Personen und Institutionen werden genannt, die sich bereits auf diesem Feld engagieren? Wie wird deren Arbeit bewertet?
> - Was wäre aus Sicht Ihrer Gesprächspartner ein guter Ansatzpunkt zur Lösung der Probleme?
>
> Viele Experten werden Sie nicht nur über das Problem und seine Ursachen informieren, sondern häufig auch gleich konkrete Projekte zur Lösung vorschlagen. Sie sollten dieses Engagement schätzen, aber: Machen Sie sich und Ihren Gesprächspartnern klar, dass Sie in dieser Phase Ihrer Arbeit erst einmal Ideen und Vorschläge sammeln. Auch wenn einzelne Vorschläge für sich genommen völlig stimmig und aussichtsreich sind, heißt das noch nicht, dass dieses Projekt auch gerade für Ihre Stiftung das Richtige ist.

Schritt 2: Lösungsansätze

Vom Problem zur Lösung

Die meisten Aspekte der Problemanalyse bieten schon Ansätze zur Lösung, sobald Sie den Problemaspekt positiv umkehren. Hier einige Beispiele, die auf der Beschäftigung mit dem Problem der Nichtversetzten aufbauen:

Beispiel

»50 Prozent werden nicht versetzt«:
- bessere Vorbereitung auf Prüfungen
- Bewertungsmaßstäbe überprüfen (vielleicht wird besonders hart geprüft?)

»Keine Schulbibliothek«:
- Zugang der Schüler zu Medien erleichtern

»Schüler lesen wenig«:
- Schüler zum Lesen motivieren

»Eltern kümmern sich nicht«:
- Eltern in Schulalltag einbeziehen und zur Unterstützung ihrer Kinder motivieren und/oder befähigen

> »Lehrerstellen sind unbesetzt«:
> - Für bessere personelle Ausstattung der Schulen sorgen
>
> »Unterricht fällt aus«:
> - Unterrichtsangebot sicherstellen

Schon aus diesen wenigen Beispielen wird deutlich, dass Ihre Stiftung das Problem der »Sitzenbleiber« an ganz unterschiedlichen Stellen angehen kann. Sie können eher mit den einzelnen Schülern arbeiten, diese zur Selbsthilfe anregen und befähigen, sich mit den Eltern beschäftigen, mit der Institution Schule arbeiten oder sich für eine Veränderung der (haushalts-)politischen Rahmenbedingungen einsetzen.

Achten Sie auch hier wieder darauf, den Lösungsansatz möglichst so zu formulieren, dass er den zukünftigen Zustand beschreibt, aber nicht unbedingt den Weg dahin festlegt. Also: Die Problemformulierung »keine Schulbibliothek« haben wir stellvertretend dafür verwendet, dass die Schüler keinen Zugang zu Medien haben. Bücher könnten sie ja auch aus anderer Quelle beziehen; der Lösungsansatz »Schulbibliothek einrichten« würde daher möglicherweise zu kurz greifen. Besser ist es, als Lösungsansatz nur den Zielzustand zu beschreiben: »Schüler haben problemlos Zugang zu Medien« oder – als Handlungsziel – »Zugang zu Medien verbessern«.

Lösungsansatz maßnahmenneutral formulieren

Beim Formulieren von Lösungsansätzen fallen Ihnen sicherlich weitere Möglichkeiten ein. Prüfen Sie noch einmal ihre Problemanalyse: Wie passt dieser neue Ansatz hinein? Lässt sich die Analyse ergänzen? Es ist nicht wichtig, dass Ihr Vorgehen formal korrekt ist. Sie sollten aber sagen können, auf welche Weise der neue Ansatz zur Lösung des Problems beitragen wird. Wenn sich das nicht darstellen lässt, könnte es daran liegen, dass eine augenscheinlich nahe liegende Lösung vielleicht doch nicht so gut geeignet ist.

Lösungen auf ihre Tauglichkeit prüfen

Schritt 3: Strategieentscheidung

Auf der Grundlage der Problemanalyse haben Sie mehrere Lösungsansätze identifiziert. Zwischen diesen Ansätzen müssen Sie jetzt aus-

Vom Lösungsansatz zur Strategie

Von der Idee zum Projekt – erfolgreiche Stiftungsarbeit

wählen und entscheiden, wie Sie Lösungen umsetzen wollen. Mit anderen Worten: Sie müssen die Strategie Ihrer Stiftung festlegen.

Sie haben zwei Möglichkeiten: Sie können sich zum einen, etwas abstrakt, jetzt schon für eine bestimmte Herangehensweise entscheiden. Vielleicht gibt die Satzung bereits vor, dass die Stiftung vor allem Modellprojekte durchführen oder Stipendien vergeben soll – das schränkt die Zahl der Optionen natürlich ein.

Die zweite Möglichkeit dürfte in der Praxis häufiger sein: Sie überlegen sich zu mehreren Lösungsansätzen Projektideen und wählen dann nach bestimmten Kriterien zwischen diesen Projekten aus. Auch damit legen Sie letztlich die Strategie Ihrer Stiftung fest. Anschließend können Sie noch einmal überprüfen, ob Problemanalyse, Strategie und Projektauswahl in sich stimmig sind. Wenn dabei Unklarheiten auftreten, können Sie Ihre Auswahl noch einmal überdenken, bevor Sie mit der konkreten Arbeit beginnen.

Praxis-Tipp

Die Strategie ist eine Hilfe, kein Korsett
Strategieentwicklung bedeutet nicht, den Weg der Stiftung für alle Zeiten festzulegen. Der Strategieprozess gibt Ihnen die Möglichkeit, regelmäßig zu überprüfen, ob Sie das Richtige tun. Dabei fließen die Erfahrungen aus Ihren Projekten immer wieder in die Neuformulierung Ihrer Strategie ein. So bleibt Ihre Stiftung lebendig und wandlungsfähig, ohne dabei ziellos zu sein.

Beispiel

In unserem Beispiel der Nichtversetzten ist die Ehefrau des Stifters Lehrerin. Der Stifter hat deshalb vorgegeben, hauptsächlich Projekte mit Schulen und ihren Partnern durchzuführen. Damit scheiden Projekte, die primär auf der politischen Ebene angesiedelt sind, zunächst einmal aus. Im Übrigen entscheidet sich der Stiftungsvorstand im Strategieprozess aber dafür, sich zunächst einen Überblick über mögliche Projekte zu verschaffen.

Schritt 4: Projektauswahl

Problem analysiert, Lösungsansätze definiert, erste Strategieüberlegungen vorhanden – es wird Zeit, über konkrete Projekte nachzudenken. Die Auswahl erfolgt in drei Schritten:

1. Zunächst sammeln Sie Projektideen, mit denen Sie die einzelnen Lösungsansätze umsetzen könnten.
2. Dann legen Sie Kriterien für die Projektauswahl fest, nach denen Sie Ihre Optionen bewerten.
3. Auf der Grundlage dieser Bewertungen treffen Sie dann die Entscheidung für konkrete Projekte.

Projektauswahl in drei Schritten

Sammlung von Projektideen

Bei der Ideensammlung sollten Sie Bewährtes und Innovatives gleichermaßen berücksichtigen (soweit das mit eventuell schon getroffenen strategischen Entscheidungen vereinbar ist). Anregungen für Projekte bekommen Sie

- aus der Zeitung, dem Internet oder einem Newsletter
- von anderen Stiftungen
- von den Betroffenen
- von Experten
- von den Mitgliedern Ihrer Stiftungsgremien
- von Ihren Kindern, Verwandten, Freunden, Bekannten und Mitarbeitern usw.

1. Schritt

Halten Sie Augen und Ohren offen und notieren Sie sich regelmäßig gute Ideen – für viele Probleme gibt es schon sehr interessante Lösungsideen, bei anderen müssen Sie kreativ werden oder Kreative finden.

> In unserem Beispiel könnten Sie auf folgende Projektideen kommen:
> Problem: »Schüler lesen wenig«
> - Lösungsansatz: Schüler zum Lesen motivieren
>   Projektideen:
>   - Lesewettbewerb in der Schule
>   - Lesequiz mit Gewinnmöglichkeit

Beispiel

Von der Idee zum Projekt – erfolgreiche Stiftungsarbeit

> - Autorenlesungen in der Schule oder der Bibliothek
> - Lesenächte in der Schule
> - Schreibwerkstatt
> - gemütliche Schmökerecke einrichten (z. B. mit Medienbox)
>
> Problem: »Keine Schulbibliothek«
> - Lösungsansatz: Zugang zu Medien erleichtern
>   Projektideen:
>   - Schulbibliothek einrichten
>   - Kooperation zwischen Schule und Schulbibliothek fördern (handlungsorientierte Klassenführung in der Bibliothek, Medienboxen aus der Bibliothek in der Schule zur Verfügung stellen, Medienpräsentationen von Bibliothekaren im Unterricht, Schülercenter in der Bibliothek einrichten: schülerrelevante Literatur an einem Ort, an dem auch Hausaufgaben gemacht werden können)
>
> Diese Sammlung könnten Sie für die anderen Lösungsansätze fortsetzen. Sie müssen (und können) dabei keine Vollständigkeit anstreben. Wichtig ist, dass Sie am Ende zwischen überzeugenden Alternativen wählen können.

Kriterien für die Projektauswahl

2. Schritt Im zweiten Schritt legen Sie nun Kriterien für die Projektauswahl fest. Für die Entscheidung über die »richtige« Strategie und die »richtigen« Projekte gibt es keine objektiv vorgegebenen Kriterien. Sie müssen selbst plausible und handhabbare Kriterien festlegen, auf deren Grundlage Sie Ihre Entscheidung treffen.

Über welche Ressourcen verfügt die Stiftung? Ausgangspunkt für die weiteren Überlegungen ist eine Bestandsaufnahme der vorhandenen Ressourcen. Dabei geht es nicht nur um Geld: Welche Erfahrungen, welches Know-how und welche Kontakte stehen Ihnen zur Verfügung? Und welche weiteren Ressourcen könnten Sie bei Bedarf mobilisieren, etwa durch Kooperationen mit Partnern, Einkauf von Dienstleistungen oder im Wege des Fundraising?

Leitfragen der Projektauswahl Weitere Dimensionen, die Sie bei der Bewertung der Möglichkeiten berücksichtigen können, sind zum Beispiel:

Vom Problem über die Lösung zum Projekt – strategische Stiftungsarbeit

- Stehen bestimmte Arten von Projekten in besonderer Weise mit Grundüberzeugungen des Stifters im Einklang?
- Soll die Stiftung eher selbst operativ tätig werden, oder soll die Arbeit von anderen unterstützt werden? (Mehr dazu in Kapitel 2)
- Versprechen bestimmte Ansätze eher kurz- oder eher langfristig Erfolg? Was ist der Stiftung wichtiger?
- Welche anderen Akteure gibt es in dem Bereich, und wie arbeiten sie? Könnte unser Stiftungsprojekt deren Aktivitäten sinnvoll ergänzen oder verstärken? Oder sollten wir besser eine andere Strategie wählen?
- Welche Öffentlichkeitswirkung werden Aktivitäten auf einem bestimmten Gebiet haben?
- Welches Projekt verspricht das beste Verhältnis zwischen den eingesetzten Mitteln und den zu erwartenden Erfolgen?
- Wie nachhaltig werden die Veränderungen sein, die durch bestimmte Projekte erreicht werden können?

Aus diesen (und anderen) möglichen Kriterien können Sie die wichtigsten für Ihre Entscheidung auswählen und die Projektideen danach bewerten. Diese Bewertung können Sie mehr oder weniger implizit in der Diskussion der einzelnen Ideen in den Stiftungsgremien vornehmen. Sie können sie aber auch explizit festhalten; damit verschaffen Sie sich einen guten Überblick über die verschiedenen Optionen für die anschließende Entscheidung.

> **Beispiel**
>
> In unserem Beispiel gibt es ja schon eine strategische Festlegung auf Projekte in und mit Schulen und ihren Partnern. Darüber hinaus entscheidet sich der Vorstand dafür, die Kriterien der Öffentlichkeitswirksamkeit und der Nachhaltigkeit als besonders wichtig einzustufen. Er erhofft sich davon, dass von der Stiftung eine Vorbildfunktion ausgeht, die andere zum Nachmachen anregt. Bei allen Projekten soll zudem geprüft werden, wie sie mit dem Budget der Stiftung zu vereinbaren sind und ob die beiden hauptamtlichen Mitarbeiter über ausreichend Zeit und Kompetenzen zur Umsetzung verfügen.
>
> In einer Strategiesitzung des Vorstands, die von der Vorsitzenden mit ihrem Assistenten vorbereitet wurde, entsteht folgende Tabelle:

Von der Idee zum Projekt – erfolgreiche Stiftungsarbeit

Problem: »Die Schüler haben kaum Zugang zu geeigneten Medien« Strategie: »Systematische Kooperation mit der Stadtbibliothek«				
Projekt-idee	Öffentlich-keitswirk-samkeit	Nach-haltigkeit	Budget	Personal
Medien-boxen in Schulen	hoch (bei entsprechender Pressearbeit)	hoch (Medien kommen verschiedenen Schulen zugute)	mittel (350–400 € pro Box)	kein Personal erforderlich
Handlungs-orientierte Klassen-führungen	gering	mittel	gering	ein Lehrer, ein Bibliothekar für die Dauer der Führung
Schüler-center in der Stadt-bibliothek	mittel	hoch (bei entsprechender Pflege)	mittel (abhängig von der Ausstattung)	Pflegeaufwand seitens der Bibliothek abhängig von der Ausstattung

Diese Vorbereitung dient vor allem einem Ziel: Wenn jedes Projekt in jeder Kategorie bewertet werden muss, wird mindestens einmal gründlich darüber nachgedacht – das ist bei einer offenen Diskussion nicht unbedingt der Fall.

Entscheidung für konkrete Projekte

3. Schritt Auf der Grundlage dieser Vorbereitung kann das zuständige Gremium jetzt die einzelnen Projektideen diskutieren, sie miteinander vergleichen und anschließend eine Entscheidung treffen. Stellen Sie dabei sicher, dass der Inhalt der Entscheidung klar ist: Welches Projekt soll mit welchen Zielen und welchen Mitteln in welchem Zeitraum durchgeführt werden? Halten Sie bei den Projektideen, die nicht verwirklicht werden, fest, ob Sie diese aus inhaltlichen oder organisatorischen Gründen endgültig verwerfen oder ob diese Projekte auch in Frage kommen, aber erst einmal aus Kapazitätsgründen zurückgestellt werden.

Projektplanung

> **Bevor Sie endgültig entscheiden**
> Prüfen Sie noch einmal, ob das Projekt, für das Sie sich gleich entscheiden werden, wirklich Ihren Vorstellungen und dem Anliegen der Stiftung entspricht. In einem langen Diskussionsprozess verselbstständigt sich eine Idee sehr oft. Manchmal führt auch eine zu schematische Bewertung dazu, dass ein an sich attraktives Projekt durch das Raster fällt. In diesem Fall sollten Sie sich nicht scheuen, vor einer Entscheidung auch noch einmal die Kriterien kritisch zu prüfen.

Praxis-Tipp

Projektplanung

Die folgenden Hinweise werden es Ihnen leichter machen, das Projekt, für das Sie sich entschieden haben, in die Realität umzusetzen. Wir möchten Sie dazu einladen, das Projekt – ob groß oder klein – möglichst genau zu planen und potenzielle Probleme von Beginn an mit zu bedenken. Durch eine gute Planung verringern Sie erheblich das Risiko, dass das Projekt scheitert.

Projektplanung bedeutet, kurz gesagt, dass Aktivitäten, Kosten und Zeit aufeinander abgestimmt werden.

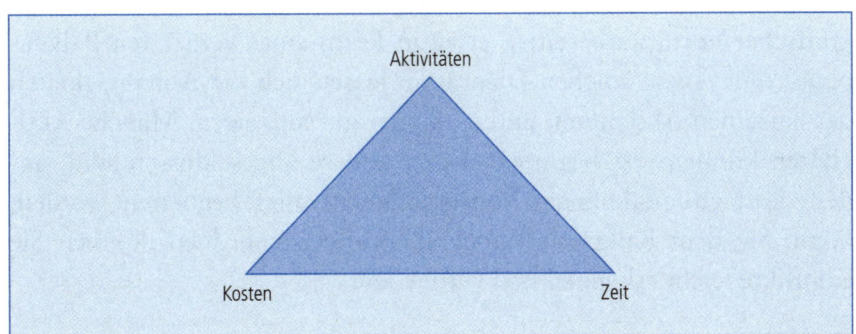

Das Dreieck der Projektplanung

Die Festlegungen der drei Größen Aktivitäten, Kosten, Zeit fließen ein in das zentrale Instrument der Projektsteuerung, den Projektplan. Dieser wird entweder auf Seiten der Stiftung erstellt oder – bei fördernden Stiftungen – vom Förderempfänger (vgl. zu dieser Unterscheidung Seite 41 ff.).

Von der Idee zum Projekt – erfolgreiche Stiftungsarbeit

Inhalte des Projektplans

Der Projektplan enthält:
- die allgemeine Beschreibung des Projekts und seiner Ziele
- die Beschreibung der Projektaktivitäten
- den Zeitplan (angebunden an die Aktivitätenplanung)
- die Beschreibung der Projektorganisation
- die Kostenübersicht bzw. ein Budget

Der Umfang dieses Plans hängt von der Größe und Komplexität des Projektes ab. Häufig entsteht der Projektplan in einem mehrstufigen Prozess: Zunächst werden Aktivitäten, Kosten und Zeitplan in grober Form festgelegt – als Projektvorschlag oder -antrag. Erst nach Genehmigung durch die Stiftungsgremien erfolgt dann eine Feinplanung in Form eines Projektplans.

Unterscheidung: Meilenstein – Aufgabe

Bei der Beschreibung der Aktivitäten und der Anbindung an den Zeitplan ist es üblich, zwischen Aufgaben und so genannten Meilensteinen zu unterscheiden. Meilensteine sind Zwischenziele in einem Projekt, zu denen ein für den Gesamterfolg entscheidendes Teilprojekt mit einem Ergebnis abgeschlossen wird. Meilensteine werden inhaltlich definiert, zum Beispiel: »Es wurden zehn Agenturen kontaktiert«, und in der Zeitplanung mit einem konkreten Datum versehen. »Agenturen kontaktieren« ist dagegen eine Aufgabe; für sie wird im Zeitplan ein Zeitraum vorgesehen.

Aktivitäten und Zeitplan lassen sich sehr gut gemeinsam und in grafischer Form aufbereiten, etwa in Form eines vernetzten Balkenplans. Mit einem solchen Diagramm lassen sich die Abhängigkeiten der einzelnen Aktivitäten untereinander gut aufzeigen. Manche Aktivitäten können erst beginnen, wenn andere abgeschlossen sind, andere können unabhängig voneinander parallel begonnen werden. Wenn Sie dem Balkenplan noch Ressourcen zuordnen, können Sie Konflikte leicht erkennen und vermeiden.

Vernetzter Balkenplan (Gantt-Chart)

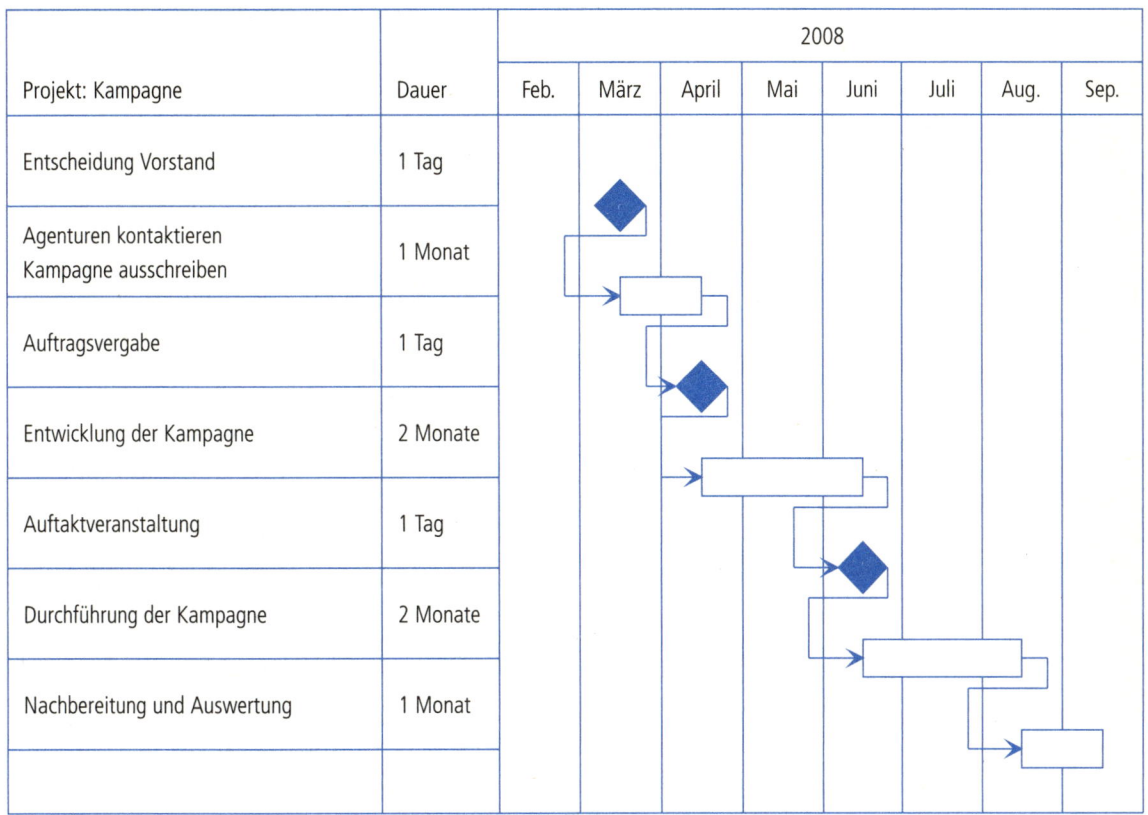

> **Faustregel für die Zeitplanung**
> Ein chinesisches Sprichwort sagt: »Das Gras wächst auch nicht schneller, wenn man daran zieht.« Planen Sie realistisch und sehen Sie dann noch einen zusätzlichen zeitlichen Puffer von 20 Prozent vor.

Praxis-Tipp

Damit ist das Grundgerüst des Projektes allerdings noch nicht vollständig – es fehlt noch eine Festlegung darüber, wer die Aufgaben übernimmt oder daran mitarbeitet. Das vernetzte Balkendiagramm muss daher erweitert werden. Gerade bei einfachen Projekten bietet es sich an, statt einer grafischen Darstellung eine einfache Tabelle anzulegen, die einen schnellen Überblick über Aufgaben/Meilensteine, Verantwortliche und zeitliche Zusammenhänge ermöglicht.

Klären Sie Zuständigkeiten!

Von der Idee zum Projekt – erfolgreiche Stiftungsarbeit

Die Tabelle gibt Auskunft über die Frage: Wer muss was mit wem bis wann erledigt haben, damit es keine Verzögerungen im Projektverlauf gibt?

Aufgaben	Dauer	Endtermin	Verantwortliche/r	Mitwirkende/r
Vorlage zur Vorstandsentscheidung	5 Tage	15.3.08	Schulze	Müller
Recherche der Agenturen, Ausschreibung der Kampagne	1 Monat	15.4.08	Müller	Schulze, Maier
Vergabe des Auftrages	1 Tag	15.4.08	Müller	
Entwicklung der Kampagne	2 Monate	15.6.08	Agentur	Schulze
Vorbereitung der Auftaktveranstaltung	1 Monat	15.6.08	Maier	Müller
Durchführung der Kampagne	2 Monate	15.8.08	Müller	Schulze, Maier
Nachbereitung und Auswertung	1 Monat	15.9.08	Müller	Schulze

In der Praxis stellt sich immer wieder die Frage, wie detailliert ein solcher Plan sein soll. Hier gibt es keine allgemein gültige Antwort. Vieles hängt etwa von der Erfahrung der Projektverantwortlichen und der Dauer des Projekts ab. Ein erfahrener Projektleiter wird recht gut abschätzen können, wie lange bestimmte Aktivitäten dauern. Dann kann die konkrete Planung der einzelnen Aufgaben zeitnah vor dem jeweiligen Meilenstein erfolgen. Sie sollten darauf achten, lange Projekte nicht zu detailliert zu planen – zum einen wird der Plan leicht unübersichtlich, zum anderen wächst mit zunehmender Projektdauer die Ungewissheit, ob der Plan auch wie vorgesehen umgesetzt werden kann. Er muss dann ohnehin angepasst werden, sodass die Details der vorherigen Planung schnell hinfällig werden.

> **Praxis-Tipp**
>
> **Planen Sie die Kommunikation von Beginn an mit ein**
> Vergessen Sie bei der Beschreibung der Aktivitäten und Zeitpläne nicht die internen Berichts- und die externen Kommunikationserfordernisse (vgl. auch das Kapitel Kommunikation ab Seite 65). Entscheidungsvorlagen

> und Berichte für Stiftungsgremien zu erstellen erfordert Zeit, die bei der Planung leicht vergessen wird. Auch die Platzierung Ihres Vorhabens in der Öffentlichkeit muss sorgfältig geplant und in den Projektablauf eingebunden werden.

Damit sind die wesentlichen Planungsschritte getan. Nun kommt es darauf an, das Einzelprojekt systematisch an die Gesamtarbeit der Stiftung anzubinden, d.h. sich der operativen Zielplanung und Wirkungsmessung (Evaluation) zu widmen. Mit diesem Schritt können Sie sicherstellen, dass die Stiftung aus ihren Projekten lernt und sich beständig weiterentwickelt.

Operative Zielplanung und Evaluation

Auch wenn das Verhältnis von Zielen und Projektaktivitäten gern als Einbahnstraße beschrieben wird (»Wir richten unsere Aktivitäten allein an unseren Zielen aus«), so stehen in der Praxis doch zumindest die operativen Ziele und die Projektaktivitäten in einem wechselseitigen Verhältnis: Einerseits werden aufgrund der Zielvorgaben bestimmte Richtungsentscheidungen vorgenommen, andererseits müssen die Ziele in einem angemessenen Verhältnis zu den Aktivitäten stehen. Der großen gesellschaftlichen Bedeutung typischer Stiftungsthemen wie Bildung und Erziehung, Wissenschaft und Forschung, Kultur, Umweltschutz oder Völkerverständigung steht im Alltag der meisten Stiftungen oft ein vergleichsweise geringer Mitteleinsatz für das einzelne Projekt gegenüber.

Beziehung zwischen Zielen und Aktivitäten

Oft behelfen sich Stiftungen in dieser Situation damit, als Oberziel einen »Beitrag« zu dem jeweiligen Feld zu leisten. Dies führt dann zu Zielbeschreibungen wie der folgenden:

»Ziel des Projektes ist es, durch die Preisvergabe an junge Unternehmertalente einen Beitrag zur wirtschaftlichen Entwicklung unseres Landes zu leisten.«

Zielbeschreibungen

Eine solche Zielbeschreibung benennt zwar das Oberziel des Projektes und ist insofern für eine Presseerklärung geeignet; allerdings

Von der Idee zum Projekt – erfolgreiche Stiftungsarbeit

brauchen Sie operative Ziele, um bewerten zu können, ob Sie diesen Beitrag wirklich geleistet haben.

Praxis-Tipp

> **Formulieren Sie SMARTe Ziele**
> Wenn Sie Ihrer Stiftung Ziele vorgeben wollen, an denen sich die Arbeit orientieren kann, sollten Sie darauf achten, dass die Vorgaben konkret sind und damit operativ nutzbar. Die Ziele sollten »SMART« sein:
> S – spezifisch
> M – messbar
> A – ambitioniert
> R – realistisch
> T – termingebunden

Unterscheidung verschiedener Ergebnisebenen

Um befriedigende Antworten zu erhalten, müssen verschiedene Ebenen von Projektergebnissen unterschieden und mit jeweils eigenen Zielen versehen werden. Als hilfreich hat sich dabei die Unterscheidung zwischen folgenden drei Ebenen erwiesen:
- spezifische und in der Regel messbare Leistungen eines Projekts (*output*)
- wahrnehmbare Ergebnisse (*outcome*)
- weitergehende Wirkungen des Projekts auf das gesellschaftliche Umfeld bzw. das vorher identifizierte Themenfeld (*impact*)

Messbare Leistungen

Die Leistungsebene ist vergleichsweise einfach mit Zahlen zu versehen. Sie zeigt, wofür die eingesetzten Sach- und Personalmittel der Stiftung verwendet wurden. So mag ein modellhaftes Stiftungsprojekt zur Nutzung des Internet in der Schule die folgenden Leistungen hervorbringen: Es werden drei Workshops mit Schülern und Lehrern sowie ein zusätzlicher Lehrerworkshop abgehalten, insgesamt nehmen 150 Teilnehmende die Angebote wahr; das Gesamtprojekt wird in einer 60-seitigen Publikation dokumentiert und aus den Workshops geht eine fünfseitige Kurzanleitung für interessierte Lehrkräfte hervor, die in 20 000 Exemplaren bis zum Ende des zweiten Projektjahres verteilt wird. Diese Leistungen sind hinreichend spezifisch, um sie leicht messen zu können. Hinsichtlich der Frage, welche Wirkung die Stiftung mit diesen Maßnahmen erzielt hat, erlaubt die Messung allein allerdings keine Antworten.

Wahrnehmbare Ergebnisse

Aufbauend auf die Erfassung der Leistungen beschreibt die Ebene der Ergebnisse, welchen Nutzen das Projekt unmittelbar erzielt hat. Sie beantwortet Fragen wie:
- Welche Veränderungen haben sich in den Handlungsweisen der Beteiligten ergeben?
- Welche Reaktionen der Umwelt (Eltern, Freundeskreis, Kollegen) lassen sich beobachten?

Um Antworten auf diese Fragen zu finden, muss die Stiftung kein umfangreiches Forschungsprogramm in Auftrag geben. Auch mit einfachen Maßnahmen lassen sich bereits wichtige Rückschlüsse gewinnen:
- Entwickeln Sie für die Teilnehmenden an Förderprogrammen oder Tagungen einen kurzen Feedbackbogen. Damit können Sie abfragen, was das Projekt der Stiftung nach der Selbsteinschätzung der Teilnehmenden bewirkt hat. Idealerweise wiederholen Sie diese Befragung in einem gewissen zeitlichen Abstand. Wenn Sie Projekte, die von Ihnen gefördert wurden, über die Zeit der Förderung hinaus begleiten, können Sie nachvollziehen, welche Bedeutung das Engagement der Stiftung im konkreten Fall hatte.
- Falls Sie die Evaluation dazu nutzen wollen, um Ihre Fördertätigkeit zu verbessern, können Sie durch eine anonymisierte Befragung Ihrer Fördermittelempfänger ohne großen Kostenaufwand herausfinden, was sich in den Bewerbungs- und Auswahlverfahren noch verbessern lässt.

Methoden der Evaluation

Zu der Einschätzung der Ergebnisse eines Projektes gehört es übrigens, nicht nur nach den beabsichtigten Wirkungen zu fragen. Seien Sie in der Überprüfung offen, um auch unerwartete Effekte in den Blick zu nehmen, egal ob es sich um positive oder negative Wirkungen handelt.

> Praxis-Tipp
>
> **Kosten der Evaluation**
> Evaluation kostet Zeit und Geld. Beides ist gut angelegt, wenn Sie aus den Ergebnissen der Evaluation für zukünftige Projekte lernen. Zur Orientierung: In den USA, wo Evaluation mehr als hierzulande zum Stiftungsalltag gehört, setzen Stiftungen etwa fünf Prozent des Gesamtbudgets für die Evaluation eines Projekts oder Programms an.

Gesellschaftliche Wirkungen

Die Wirkungsebene der Evaluation schließlich stellt die Frage: Was haben wir als Stiftung mit diesem Projekt bezogen auf das jeweilige gesellschaftliche Problem erreicht? Welchen Beitrag haben wir geleistet? Naturgemäß ist die Antwort von größtem Interesse für die Stiftungsverantwortlichen; zugleich ist sie am wenigsten messbar.

Die Erfahrung hat allerdings gezeigt, dass hier eine Messung auch nicht nötig ist, wenn ansonsten bis zu diesem Punkt sauber gearbeitet wurde: Dann sollte die Stiftung genau darlegen können, warum sie an welchem Problem arbeitet und warum sie es in einer bestimmten Weise bearbeitet. Setzt sie das dann in ein Verhältnis zu ihren Mitteln, so ergeben sich messbare Zielvorgaben aus der Leistungsebene. Aus diesem Projektzuschnitt und den Zielen in der Umsetzung lassen sich wiederum die höher angesiedelten Ziele der Ergebnisebene bestimmen und zumindest Hinweise für die Zielerreichung auf der Wirkungsebene finden.

Begleitende und abschließende Evaluation

Insofern kommt es darauf an, ausgehend von den konkreten Projektaktivitäten realistische Ziele für die Ebenen Leistungen, Ergebnisse und Wirkungen festzulegen. Diese dienen als Richtschnur für die Bewertung der geleisteten Arbeit. Die Bewertung sollte nicht erst nach dem Projekt erfolgen, sondern auch kontinuierlich als begleitende Evaluation (engl.: *formative evaluation*). So dient sie weniger als Kontrollinstrument, sondern als Unterstützung beim Management des Projekts.

> **Zielgruppen der Evaluationsergebnisse**
> Die wichtigsten Zielgruppen einer Evaluation sind die Stiftungsgremien und -mitarbeiter. Sie können aus den Ergebnissen lernen und die Arbeit weiter verbessern. Auch für die Förderer und die Geförderten einer Stiftung sind die Ergebnisse natürlich von Interesse. Journalisten, Politikern oder der interessierten Öffentlichkeit ist ebenfalls daran gelegen, dass Stiftungen ihren Beitrag zum Gemeinwohl auf möglichst wirksame und sparsame Weise erreichen. Scheuen Sie sich daher nicht, die Ergebnisse Ihrer Evaluation öffentlich zu machen und mit anderen zu diskutieren.

Praxis-Tipp

Konzentrieren Sie sich also bei Ihrer Planung darauf, einen sinnvollen Prozess der Zielüberprüfung zu entwerfen. Legen Sie fest, wann und wie häufig eine formelle Zielüberprüfung erfolgen und wer daran teilnehmen soll. Die gemeinsame Betrachtung der messbaren Größen sollte dann überleiten in eine qualitative Bewertung des Projektfortschritts und der Suche nach möglichen Verbesserungen während der Projektlaufzeit.

Prüfung der Projektfortschritte

Leitfragen der Evaluation sollten sein:
- Inwieweit wurden die geplanten Aktivitäten umgesetzt bzw. die Leistungen erbracht?
- Inwieweit sind die Ergebnisse erreicht worden?
- Können wir davon ausgehen, dass damit die gewünschte Wirkung erzielt wurde?
- Gibt es Ergebnisse und Wirkungen, die wir anfangs nicht vorausgesehen haben? Wie sind diese zu bewerten?
- Sind die Projektannahmen nach wie vor gültig, oder sehen wir Anpassungsbedarf?

Leitfragen der Evaluation

Eine Stiftung, die sich z.B. dem Thema Krebskrankheiten verschrieben hat, kann auf vielen Wegen ihre Zwecke erfüllen. Sie kann sich um öffentliche Gesundheitsaufklärung kümmern, die Not der direkt Betroffenen lindern oder in die Krebsforschung investieren. Der Kampf gegen die Krankheit steht dabei immer im Vordergrund – aber die Stiftung tut gut daran, in regelmäßigen Abständen zu hinterfragen, ob der ursprünglich gewählte Weg nach wie vor der richtige ist:

Von der Idee zum Projekt – erfolgreiche Stiftungsarbeit

Wäre es unter Umständen sinnvoller, sich aus Bereichen zurückzuziehen, in denen inzwischen auch viele andere Stiftungen tätig sind? Oder zeigen neueste medizinische Ergebnisse, dass bestimmte Forschungszweige nicht den Erfolg haben, den sie vor wenigen Jahren noch versprachen? Dann sollte die Stiftung ihre Prioritäten anpassen.

> **Praxis-Tipp**
>
> **Legen Sie anspruchsvolle, aber keine überzogenen Ziele fest**
> Verzetteln Sie sich nicht bei dem Versuch, messbare Ziele festzulegen. Gerade auf der Leistungsebene sollten die Ziele anspruchsvoll, aber nicht überzogen sein.
>
> Wenn eine Stiftung etwa ein einwöchiges Sommercamp zur Suchtprävention für gefährdete Jugendliche unterstützt, kann man zwar anschließend die Jugendlichen befragen, was sie von Vorträgen, Gruppenarbeiten und ähnlichen Elementen behalten haben, und auch, wie sich ihre Einstellung geändert hat. Es lässt sich allerdings nicht voraussagen, ob sie wirklich »Nein« sagen, wenn ihnen Drogen angeboten werden. Man müsste ihre weitere Entwicklung beobachten, um zu sehen, ob sie bestimmte Botschaften verinnerlicht haben. Hilfreich wäre zusätzlich eine Kontrollgruppe, die nicht an dem Camp teilgenommen hat. Dies wird jedoch kaum eine Stiftung leisten können.
>
> Die Stiftung wollte einen Beitrag zum Schutz von Jugendlichen vor Drogen leisten. Ob sie dieses Ziel wirklich erreicht hat, lässt sich mit angemessenem Aufwand zwar nicht empirisch belegen; sie kann aber immerhin plausibel machen, dass ihre Maßnahme bestimmte Kenntnisse vermittelt und Haltungen verstärkt hat, um Jugendliche vom leichtfertigen Umgang mit Drogen abzuhalten. Ansätze für eine langfristige Wirkungsmessung (etwa in Form von Verbleibstudien) können zum Beispiel aus der Zusammenarbeit mit Universitäten hervorgehen.

Ohne Instrumente der Evaluation bleiben von den Projekten der Stiftungen auf mittlere Sicht nur Anekdoten, Kostenaufstellungen und die eine oder andere Veranstaltungsdokumentation. Evaluationsberichte liefern dagegen Einschätzungen und Bewertungen, die der Stiftung helfen, ihr Wissen und ihre Kompetenz weiterzuentwickeln und ihre Arbeit an ihren langfristigen Zielen zu messen.

Kapitel 2
Strategien und Methoden der Stiftungsarbeit

In diesem Kapitel
- lernen Sie Gestaltungsmöglichkeiten und Instrumente der Stiftungsarbeit kennen,
- erfahren Sie, ob sich für Ihre Stiftung eher eine fördernde oder eine operative Arbeitsweise anbietet,
- stellen wir Ihnen vor, wie Sie ein Förderprogramm planen und durchführen können,
- zeigen wir, wie Sie ein Förderprojekt auf die spezifischen Bedingungen und Möglichkeiten Ihrer Stiftung anpassen können.

In diesem Kapitel erfahren Sie ...

Fördernde und operative Stiftungsarbeit

Traditionell unterscheidet man im Stiftungswesen zwischen operativen und fördernden Stiftungen. Der Unterschied zwischen diesen beiden Formen besteht in der Position, die die Stiftung bei der Verwirklichung ihrer Ziele einnimmt: Bei der operativen Arbeitsweise setzt sie ihre Projektideen in eigener Regie um; wird die Stiftung fördernd tätig, unterstützt sie die Projekte anderer durch finanzielle Zuwendungen.

Bei der Entscheidung zwischen den beiden Arbeitsweisen geht es also um eine Art »Fertigungstiefe«: Wie viel von dem, was am Ende

Die »Fertigungstiefe« der Stiftungsarbeit

Strategien und Methoden der Stiftungsarbeit

aus dem Prozess hervorgeht, soll die Organisation selbst anfertigen, wie viel soll sie von anderen machen lassen?

Hintergrund: Fördernde und operative Stiftungen

> **Stiftungsarbeit in den USA und in Deutschland**
> Anfang des 20. Jahrhunderts schuf eine Generation großer Stifter (Rockefeller, Ford, Carnegie) in den USA den Stiftungstyp der strategischen Förderstiftung, der »grant-making foundation«. Diese Form prägt bis heute die amerikanische Stiftungslandschaft, die fast ausschließlich aus fördernden Stiftungen besteht.
>
> Demgegenüber sind vor allem die großen deutschen Stiftungen eher operativ tätig. Auf die Gesamtheit aller deutschen Stiftungen bezogen überwiegen aber auch hier die fördernden Stiftungen (60 Prozent) gegenüber den operativen (22 Prozent) und den Mischformen (18 Prozent).

So eindeutig die Trennung zwischen operativer und fördernder Arbeitsweise auch auf den ersten Blick erscheint, ist in der Praxis zu beobachten, dass viele Stiftungen spezifische Arbeitsweisen entwickeln, die zwischen den beiden Extremen angesiedelt sind: Operative Stiftungen vergeben etwa Recherchen oder die Vorbereitung von Veranstaltungen nach außen, um die eigene Organisation überschaubar zu halten; fördernde Stiftungen stellen dagegen zusätzliche Mitarbeiter ein, um enger mit den Empfängern zusammenarbeiten zu können.

Die Grenzen zwischen einer operativen und einer fördernden Arbeitsweise sind daher mitunter fließend. Trotzdem hilft die Unterscheidung, um sich verschiedene Projektformen der Stiftungsarbeit zu verdeutlichen.

Operative Stiftungen führen ihre Projekte selbst durch

Eine operative Stiftung konzipiert ihre Projekte selbst und führt sie eigenständig durch. Sie braucht daher Gremienmitglieder, Mitarbeiter oder Ehrenamtliche, die sich aktiv in die Stiftungsarbeit einbringen, Projektideen entwickeln und das Management übernehmen.

Beispiele für operative Stiftungsprojekte:

- Wettbewerbe – Um Schüler an die Beschäftigung mit historischen Themen heranzuführen, richtet die Körber Stiftung in Hamburg alle zwei Jahre den überaus erfolgreichen »Geschichtswettbewerb des Bundespräsidenten« aus.
- Politikberatung – Die Bertelsmann Stiftung erarbeitet als Think Tank Lösungen für gesellschaftliche Probleme und vermittelt die Reformvorschläge durch Veröffentlichungen, Veranstaltungen und Gespräche an politische Entscheidungsträger.
- Modellprojekte – Um zu demonstrieren, dass private Hochschulen eine Erfolg versprechende Bereicherung des deutschen Bildungssystems sind, hat die Zeit Stiftung in Hamburg das Konzept für eine private Hochschule entwickelt und mit der Bucerius Law School modellhaft in die Praxis umgesetzt.
- Öffentlichkeitskampagnen – Viele Stiftungen, die gesellschaftlichen Problemen durch Aufklärung begegnen wollen, wählen den Weg über die Öffentlichkeit, um ihre Ziele zu erreichen, so etwa die Stiftung Warentest im Verbraucherschutz oder die Stiftung Deutsche Schlaganfall-Hilfe im Bereich der Gesundheitsvorsorge.
- Preisverleihungen – Nicht immer sind Preise mit so viel Aufwand verbunden wie der berühmteste Stiftungspreis der Welt, der Nobel-Preis. So hat sich etwa die Stiftung Werner-von-Siemens-Ring einen Namen mit dem Siemens-Ring gemacht, den sie seit 1916 alle drei bis vier Jahre an herausragende Naturwissenschaftler verleiht, um ihre Leistungen auszuzeichnen.
- Trägerschaft von Einrichtungen – Die Tabaluga-Stiftung hilft Kindern und Jugendlichen, die aufgrund von sexuellem Missbrauch oder körperlicher Misshandlung auf kontinuierliche Hilfe und therapeutische Förderung angewiesen sind. Um die Kinder nachhaltig zu fördern, unterhält die Stiftung verschiedene Häuser (Tabaluga-Haus in Tutzing, Sternstundenhaus in Peißenberg), in denen die Kinder intensiv betreut werden.

Beispiele operativer Stiftungsprojekte

Strategien und Methoden der Stiftungsarbeit

Entscheidungskriterien –
Pro und Kontra

> **Eine operative Arbeitsweise bietet sich an, wenn**
> - ein klar umrissenes Ziel langfristig verfolgt werden soll,
> - es keine Organisationen gibt, die als Fördermittelempfänger in Frage kommen,
> - Sie als Stifter die Kontrolle über die Ressourcen, die Auswahl, Konzeption und Durchführung der Projekte sowie über die Erfolgskontrolle in einer Hand belassen wollen,
> - die Stiftung schnell ein klares und unverwechselbares Profil gewinnen soll.
>
> **Eine operative Arbeitsweise kommt nicht in Frage, wenn**
> - die Stiftung in der Lage sein soll, kurzfristig ihre Prioritäten und Schwerpunkte zu verändern, sodass die Mittel nicht langfristig in operativen Projekten gebunden sein dürfen,
> - nicht ein gewisses Maß an – haupt- oder ehrenamtlichem – Personal zur Verfügung steht, um die Projekte zu managen,
> - die Stiftung vor allem gute Ideen Dritter unterstützen soll.

Fördernde Stiftungen unterstützen andere dabei, ihre Ziele zu verwirklichen

Fördernde Stiftungen arbeiten bei der Verwirklichung ihrer Ziele grundsätzlich mit Partnern zusammen. Während die operative Stiftung Finanzierung und Durchführung in einer Hand behält, arbeitet die Förderstiftung arbeitsteilig: Sie finanziert ein Projekt, das von Dritten (Vereinen, Schulen, Museen, Initiativen, Einzelpersonen, wissenschaftlichen Einrichtungen usw.) durchgeführt wird.

Beispiele

Beispiele für verschiedene Arten von Förderungen:
- Förderung von Institutionen/Organisationen
  Viele Stiftungen sind unmittelbar dem Unterhalt/Erhalt einer bestimmten Institution (Museum, Theater, Hilfswerk, Tierheim usw.) gewidmet. Sie erfüllen ihren Zweck daher, indem sie ihre Mittel der anderen Organisation zur Verfügung stellen und so ihren Betrieb langfristig und verlässlich unterstützen.

Gerade in letzter Zeit genießt diese Art der Förderung wieder große Aufmerksamkeit. In dem Maße, wie die Stiftungswelt Erfahrungen aus dem kommerziellen Venture Capital-Bereich aufnimmt, entdecken viele Stiftungen Investitionen in die Infrastruktur gemeinnütziger Organisationen als besonders nachhaltige Form der Förderung.

> **Matching Funds**
> Fördermittel an Organisationen werden mitunter leistungsbezogen als so genannter Matching Fund vergeben. So unterstützte etwa die Körber Stiftung den Vermögensaufbau der Bürgerstiftung Dresden, indem sie jede Mark, die die Bürgerstiftung einwarb, belohnte und bis zu der Summe von 900 000 Mark durch eine weitere Mark verdoppelte.

Praxis-Tipp

- Förderung von Projekten
  Um innovative Ideen zu unterstützen, konzentrieren sich viele Stiftungen auf die Förderung von einzelnen Projekten im sozialen, kulturellen oder wissenschaftlichen Bereich. Dies ist eine hervorragende Möglichkeit, um Vereine und Initiativen bei der Durchführung guter Projekte gezielt zu unterstützen. Die Stiftung fungiert in diesen Partnerschaften oft als Risikokapitalgeber, der neuen Ideen eine Chance gibt.
  Obwohl aber gerade die Anschubfinanzierung besonders attraktiv für Stiftungen ist, sollte man sich als Förderer bewusst sein, dass die Projektfinanzierung den Partner unter einen gewissen Druck setzt. Die Förderung einzelner Projekte kann dazu dienen, wichtige Initiativen umzusetzen, die sonst mangels Förderung nicht realisiert würden. Andererseits ist diese Art der kurzfristigen Unterstützung aber nicht nachhaltig. Auf der Seite der Fördermittelempfänger führt sie unter Umständen zu dem Zwang, immer wieder etwas Neues beginnen zu müssen, anstatt sich langfristig auf eine nachhaltige Perspektive zu konzentrieren. In solchen Fällen sollte von Beginn an eine langfristige Finanzierungsperspektive entwickelt werden.

> **Was Stiftungen nicht fördern dürfen**
> Es ist für gemeinnützige Stiftungen nicht zulässig,
> - politische Parteien durch Zuwendungen zu unterstützen sowie

Praxis-Tipp

Strategien und Methoden der Stiftungsarbeit

> - in das Stiftungskapital einer anderen Stiftung »zuzustiften«, soweit ihre Mittel dem Gebot der zeitnahen Verwendung unterliegen. Allenfalls Mittel aus der so genannten freien Rücklage dürfen in das Kapital einer anderen Stiftung eingebracht werden.

- Förderung von Personen
  Die Unterstützung von Personen ist eine sehr verbreitete und bewährte Form fördernder Stiftungsarbeit. Vor allem Stiftungen, die sich die Förderung der Wissenschaften zur Aufgabe gemacht haben, wählen diese Form und unterstützen Nachwuchswissenschaftler durch Stipendien, Druckkostenzuschüsse und Mittel für Forschungsaufenthalte.
  Auch Stiftungen, die mildtätige Zwecke verfolgen, unterstützen Personen direkt. Sie fördern diejenigen, die aus körperlichen, geistigen oder seelischen Gründen oder wegen ihrer wirtschaftlichen Bedürftigkeit auf Hilfe angewiesen sind.

Entscheidungskriterien – Pro und Kontra

Eine fördernde Arbeitsweise bietet sich an, wenn
- die Stiftung in der Lage sein soll, in ihrer Projektarbeit schnell und flexibel auf neue Herausforderungen zu reagieren (indem sie von Förderzyklus zu Förderzyklus andere Partner auswählt),
- die Stiftungsarbeit kontinuierlich durch Anregungen von außen bereichert werden soll,
- bereits ein Bezug zu einer bestimmten Einrichtung besteht, die langfristig gefördert werden soll,
- die Stiftung in die Breite wirken soll,
- andere Organisationen/Personen unterstützt werden sollen,
- die Stiftung mit wenigen Mitteln und/oder Personalkapazitäten arbeiten soll.

Eine fördernde Arbeitsweise kommt nicht in Frage, wenn
- die Stiftung vermeiden möchte, dass die Qualität der Arbeit von der Qualität der Fördermittelempfänger abhängt,
- Projektauswahl, -finanzierung und -durchführung in einer Hand belassen werden sollen,

- die Stiftung ein Ziel in einem Bereich verfolgt, in dem es keine qualifizierten Projektpartner/Fördermittelempfänger gibt.

Förderarbeit in der Praxis

Fördernde Stiftungsarbeit erfolgt in Zusammenarbeit mit anderen: Förderstiftungen verwirklichen ihre Zwecke, indem sie ihre Mittel anderen Organisationen oder Personen zur Verfügung stellen. Diese Arbeitsteilung hat viele Vorteile, nicht zuletzt den, dass die Stiftung keine eigenen Kapazitäten für die Projektarbeit aufbauen muss. Andererseits stehen Förderstiftungen vor einer Herausforderung: Sie sind immer nur so gut wie die Empfänger ihrer Fördermittel. Ist das geförderte Projekt schlecht oder die unterstützte Organisation ineffektiv, so kann die Stiftung ihren Zweck nur ungenügend verwirklichen.

Die zentrale Herausforderung der fördernden Stiftungsarbeit ist daher, die jeweils besten Empfänger für die Fördermittel zu finden. Hier steht die Stiftung vor einem Dilemma: Je bekannter sie ist und je mehr Werbung sie für ihre Programme macht, desto mehr Anträge wird sie bekommen – damit steigert sie ihre Chance, wirklich gute Fördermittelempfänger zu finden, aber sie steigert damit auch den Aufwand, der mit der Bearbeitung der Anträge verbunden ist.

Herausforderungen für Förderstiftungen

Wie Sie die Fördertätigkeit Ihrer Stiftung so gestalten können, dass sie Ihren ganz persönlichen Vorstellungen entspricht und mit den zur Verfügung stehenden Ressourcen (Geld, Zeit, Ideen) möglichst viel erreicht, möchten wir Ihnen im Folgenden darstellen.

Die Beziehung zwischen Stiftung und Fördermittelempfänger

Sie können die Beziehung zwischen Ihrer Stiftung und den Empfängern der Fördermittel auf verschiedene Arten gestalten. Die Stiftung kann sehr intensiv mit einem einzigen Partner zusammenarbeiten oder aber viele Empfänger unterstützen, zu denen sie unverbindlichere

Die Intensität der Arbeit bestimmen

Strategien und Methoden der Stiftungsarbeit

und kurzfristige Beziehungen hat. Je nach Art der Beziehung variieren Aufwand, Kosten und Möglichkeit, die Projektarbeit zu steuern.

Stufen der aktiven Projektsteuerung

- Institutionelle Förderung: Die Stiftung legt sich längerfristig auf einen Empfänger fest (Museum, Theater, Verein, Schule, Tierheim usw.). Sie verliert damit zwar an Flexibilität, gleichzeitig aber minimiert sie den internen Arbeitsaufwand und fördert eine bestimmte Institution langfristig und nachhaltig.

- Reaktive Förderung: Die Stiftung legt keine besonderen Förderprioritäten fest und geht nicht aktiv auf mögliche Bewerber zu. Sie wählt ihre Fördermittelempfänger aus den Anträgen aus, die sie (unaufgefordert und oft zufällig) erreichen, und kann den jeweiligen Empfängern der Förderung große Hilfestellungen geben. Die Stiftung ist jedoch nicht in der Lage, selbst inhaltliche Akzente zu setzen.

- Aktive Förderung: Die Stiftung entwickelt ein Programm mit inhaltlichen Schwerpunkten, die klare Förderkriterien festlegen. Sie versucht durch Öffentlichkeitsarbeit auf sich und ihr Programm aufmerksam zu machen, um potenzielle Bewerber möglichst gezielt anzusprechen und zur Bewerbung aufzufordern.

- Proaktive Förderung: Die Stiftung konzipiert und entwickelt intern ein Projekt, von dem sie sich eine große Wirkung verspricht. Sie kann oder will das Projekt jedoch nicht selbst operativ in die Tat umsetzen und initiiert deshalb eine öffentliche Ausschreibung, um Partner zu finden, die das Projekt im Rahmen der Maßgaben der Stiftung umsetzen.

Welche Auswirkung die verschiedenen Arten der Förderung auf die Stiftung haben, lässt sich gut in einem Diagramm nachvollziehen:

Förderarbeit in der Praxis

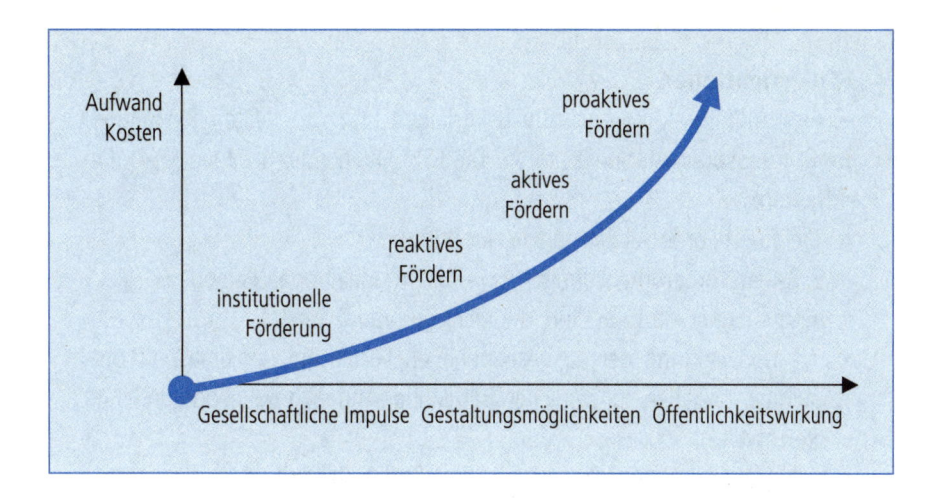

[Diagramm: Achsen "Aufwand Kosten" (y) und "Gesellschaftliche Impulse / Gestaltungsmöglichkeiten / Öffentlichkeitswirkung" (x) mit aufsteigender Kurve: institutionelle Förderung → reaktives Fördern → aktives Fördern → proaktives Fördern]

Das Ausschreibungsverfahren

Die Art und Weise, wie eine Stiftung auf sich und ihr Förderprogramm aufmerksam macht, prägt die gesamte Arbeit der Stiftung. Die Ausschreibung ist entscheidend für

- die öffentliche Wahrnehmung der Stiftung,
- die Qualität der Anträge, aus denen die Stiftung auswählen kann,
- die Chance, die besten Fördermittelempfänger zu finden, und damit letzten Endes für
- die Qualität der Stiftungsarbeit.

Wie aber kann eine Stiftung gewährleisten, dass ihr Programm möglichst viel Aufmerksamkeit erregt, ohne von Anträgen überschüttet zu werden?

Förderrichtlinien
Unabhängig davon, welche Art der Ausschreibung die Stiftung wählt, sollte sie sich über die Ziele der Förderung klar sein. Je präziser sie deutlich machen kann, wen bzw. was sie fördern möchte, desto effektiver kann sie den Strom der Bewerbungen begrenzen. Tatsächlich kann wenig unspezifische Öffentlichkeitsarbeit zu deutlich mehr (und schlechteren) Anträgen führen als intensive Öffentlichkeitsarbeit, die klare Bedingungen der Bewerbung kommuniziert. Anhand präziser Richtlinien können Sie darüber hinaus Absagen später überzeugender begründen.

Richtlinien geben ein klares Profil

Strategien und Methoden der Stiftungsarbeit

Praxis-Tipp

> **Förderrichtlinien**
> Förderrichtlinien sollten schriftlich vorliegen und zum festen Bestandteil der Stiftungspräsentation gehören. Die Richtlinien sollten folgende Punkte enthalten:
> - Ziele und Förderschwerpunkte der Stiftung
> - Kriterien förderungswürdiger Projekte/Organisationen/Personen
> - Abgrenzung von Projekten, die nicht gefördert werden
> - Art und Umfang der ausgeschriebenen Förderung (maximale Fördersumme, Angaben zur zeitlichen Befristung, Angaben zur geographischen Reichweite)
> - formale Anforderungen an Projektanträge (siehe Seite 54)
> - Angaben zu Kriterien, Ablauf und Zeithorizont der Entscheidung
> - Angaben zu den Berichtserwartungen der Stiftung/Evaluation (siehe Seite 60 ff.)
>
> Beispiele für Förderrichtlinien deutscher Stiftungen finden Sie im Internet auf unserer Website www.ratgeber-stiften.de.

Zielgruppen der Förderung

Die Definition von Zielgruppen ist ein weiteres wichtiges Element, um den Kommunikationsaufwand und die Reaktion auf eine Ausschreibung in verhältnismäßigen Grenzen zu halten. So kann sich eine Ausschreibung auf bestimmte Institutionen oder Personenkreise konzentrieren, regionale Schwerpunkte setzen oder nur Projekte mit bestimmten Merkmalen ansprechen. Sie könnten etwa die Einbindung von Ehrenamtlichen als Kriterium vorgeben oder vor allem Projekte ansprechen, die Hilfe zur Selbsthilfe bieten und/oder einen besonderen Vorbild- und Modellcharakter haben – der Initiative der Stiftung sind hier kaum Grenzen gesetzt.

Sobald die Stiftung eine Entscheidung über die Zielgruppe(n) getroffen hat, sollte sie versuchen, mit ihrer Öffentlichkeitsarbeit möglichst genau auf diese Gruppe abzuzielen. Die Grundregel lautet: Je genauer man die Zielgruppe erreichen kann, desto geringer ist der Streuverlust und desto weniger abseitige Anträge treffen ein. Folgende Wege bieten sich an, um Bewerber anzusprechen: Meldungen in E-Mail-Newslettern, Hinweise an Behörden oder andere Stiftungen, Ausschreibung auf der eigenen Website, Zeitungsanzeigen, direkte Anschreiben etc. (zur Öffentlichkeitsarbeit von Stiftungen siehe Kapitel 3).

Wie finde ich geeignete Bewerber?
Im Folgenden stellen wir Ihnen einige Wege, geeignete Bewerber auf die Stiftung aufmerksam zu machen, mit ihren Vor- und Nachteilen vor:

Informelle Empfehlungen
Gerade wenn Sie am Anfang der Stiftungsarbeit stehen und zunächst Erfahrungen mit der Fördertätigkeit sammeln wollen, kann es ratsam sein, die ersten Empfänger auf informellem Wege zu suchen. Sie können dabei nicht nur Freunde oder Experten um Hinweise bitten, sondern auch andere Stiftungen, die in Ihrem Tätigkeitsbereich aktiv sind.

Vorteil:
- Die Stiftung zieht keine unaufgeforderten Anträge auf sich.

Nachteile:
- Die Stiftung ist auf die Expertise anderer angewiesen und muss sich darauf verlassen, gute Hinweise zu bekommen.
- Der Stiftung wird es u. U. nicht gelingen, Kontakte in neue Bereiche zu knüpfen.

Öffentliche Ausschreibung
Soll ein Förderprogramm in die Breite wirken und der Stiftung möglichst viele neue Kontakte und interessante Anträge erschließen, sollten Sie eine öffentlichkeitswirksame Ausschreibung wählen und die Zahl der Bewerber durch klare Förderrichtlinien begrenzen. Eine öffentliche Ausschreibung eignet sich besonders gut, wenn die Stiftung ein neues Tätigkeitsfeld besetzen möchte.

Vorteil:
- Hohe Öffentlichkeitswirkung und große Reichweite des Förderprogramms.

Nachteile:
- Gefahr, von einer hohen Anzahl Anträgen überlastet zu werden.
- Ggf. Zwang, vielen Bewerbern abzusagen (negatives Image).

Möglichkeiten, geeignete Bewerber zu finden

Strategien und Methoden der Stiftungsarbeit

Requests for Proposals

Gezielte Ansprache ausgewählter Organisationen
In den USA hat sich das Verfahren des *Request for Proposals (RFP)* bewährt: Anstatt ein Förderprogramm öffentlich auszuschreiben, werden potenzielle Partner von der Stiftung identifiziert und gezielt zur Bewerbung aufgefordert.

Vorteil:
- Klare Zielgruppenansprache und Begrenzung der Antragsflut.

Nachteile:
- Herausforderung, in der Recherche offen zu sein für neue Impulse und Kontakte.
- Schwierigkeit, über das bestehende Netzwerk der Stiftung hinauszugehen.

Nominatorensystem
Viele Stiftungen arbeiten mit einem System von Nominatoren, die der Stiftung geeignete Fördermittelempfänger vorschlagen (z. B. Studienstiftung des Deutschen Volkes). Die Nominatoren können anonym bleiben und für eine bestimmte Zeit ernannt werden.

Vorteil:
- Begrenzung der Antragsflut ohne Verlust der Breitenwirkung.

Nachteile:
- Hohe Arbeitsbelastung und Verantwortung der Nominatoren.
- Die Stiftung ist in hohem Maße abhängig von den Vorschlägen der Nominatoren.

Wie viel Geld soll eingesetzt werden?

Art und Höhe der Förderung
Ein wichtiger Teil der Ausschreibung ist die Höhe der ausgelobten Förderung. Die Festlegung der Summe wird natürlich vor allem von den Mitteln bestimmt, die der Stiftung überhaupt zur Verfügung stehen. Wie Sie diese Mittel in dem Förderprogramm einsetzen, hängt allerdings jeweils vom Einzelfall ab. Je nachdem, was und wen Sie mit der Förderung erreichen wollen, haben Sie die Möglichkeit, ent-

Förderarbeit in der Praxis

weder wenige Projekte/Personen mit größeren Beträgen zu fördern oder in die Breite zu wirken, indem Sie vielen Antragstellern kleinere Summen zukommen lassen. Eine allgemein gültige Regel lässt sich hierfür leider nicht formulieren. Allenfalls für die Mindestsumme lässt sich festhalten, dass sie so bemessen sein muss, dass sich für die Bewerber der Aufwand eines Antrages lohnt.

Über die reine Höhe der Fördersumme hinaus gibt es noch weitere Möglichkeiten, die Förderung so zu gestalten, dass sie Ihren Vorstellungen gerecht wird. So können Sie etwa die Empfänger dazu verpflichten, weitere Geldgeber zu gewinnen oder einen gewissen Eigenanteil zu tragen. Entsprechend würde man in den Förderrichtlinien darauf verweisen, dass eine Förderung nur anteilig erfolgt. Sie können aber natürlich auch eine Vollfinanzierung vorsehen oder Höchstgrenzen festlegen, bis zu denen sich die Stiftung beteiligen wird. Ein weiterer Punkt, über den Sie die Verwendung steuern können, ist die Festlegung, dass die Mittel der Stiftung nur in Sach- oder nur in Personalkosten investiert werden dürfen – auch hier können Sie von vornherein Schwerpunkte setzen.

Wie möchten Sie die Mittel einsetzen?

> **Wie viel Geld kann ein Antragsteller maximal erwarten?**
> Sie müssen sich zu diesem Zeitpunkt noch nicht entscheiden, wie Sie die Fördersumme später aufteilen wollen; schließlich wissen Sie ja noch nicht, welches Echo Ihre Ausschreibung nach sich ziehen wird. Wichtig ist allerdings, dass Sie bereits in der Ausschreibung die Maximalsumme angeben, mit der Sie ein Projekt fördern möchten. Das Gleiche gilt, falls Sie besondere Regelungen für anteilige Finanzierungen vorgesehen haben. Mit diesen Informationen geben Sie potenziellen Antragstellern wichtige Anhaltspunkte.

Praxis-Tipp

Das Bewerbungsverfahren

Zeit ist eine überaus wichtige Ressource in gemeinnützigen Organisationen, wo ein Großteil der Arbeit oft von Ehrenamtlichen getragen wird. Gestalten Sie deshalb das Bewerbungsverfahren so, dass sowohl der Stiftung als auch den Bewerbern unnötige Arbeit erspart bleibt.

Strategien und Methoden der Stiftungsarbeit

Ein einheitliches Muster gewährleistet Vergleichbarkeit

Falls eine Stiftung für Bewerbungen kein einheitliches Muster vorgibt, bietet sie den Bewerbern die Möglichkeit, sich nach ihren individuellen Vorstellungen zu präsentieren. Aber: Der Stiftung ist es bei gänzlich verschiedenen Antragsformaten kaum möglich, faire Entscheidungen zu treffen, weil der Informationsstand zu den einzelnen Bewerbern zu unterschiedlich ist. Darüber hinaus riskiert die Stiftung langwierige Nacharbeiten, um Informationslücken zu beheben. Machen Sie deshalb ein einheitliches Muster verbindlich.

Praxis-Tipp

Geben Sie ein verbindliches Antragsformat vor
Projektanträge sollten die folgenden Informationen enthalten:
1. Beziehung des Antrags zu den Leitlinien der Stiftung bzw. zu den Richtlinien des Förderprogramms
2. Informationen über die Organisation
   - Rechtsform/Zwecke
   - Führungsstruktur und Mitarbeiter
   - andere Projekte
   - Finanzstruktur
3. Informationen zum Projekt
   - Ziele und erwartete Ergebnisse
   - Konzept zur Umsetzung (Zeit, Ablauf, Ressourcen usw.)
   - Kontext des Projektes: Bedarf, Relevanz, andere Akteure usw.
   - Laufzeit und langfristige Perspektive
4. Budget
   - Budgetentwurf
   - Ressourcenanforderung an die Stiftung
   - weitere Förderzusagen / laufende Bewerbungen um Förderung

Setzen Sie eine maximale Seitenzahl, um allzu umfangreichen Bewerbungen vorzubeugen. Muster und Beispiele für Antragsformate finden Sie unter www.ratgeber-stiften.de.

Stichtage für Bewerbungen?

Schließlich haben Sie noch die Möglichkeit, mit Hilfe des Bewerbungszeitpunktes zu bestimmen, wie die Stiftung mit den Anträgen verfährt. Stichtage für Bewerbungen machen den Prozess für die Antragsteller kalkulierbarer und erhöhen für die Stiftung die Planungssicherheit, da sie auf der Grundlage aller Anträge entscheiden kann, welcher Bewerber wie viel Geld bekommen soll. Darüber hinaus eignen sich Stichtage dazu, medienwirksam aufbereitet zu werden.

Andererseits: Wenn die Stiftung ganzjährig Anträge entgegennimmt, kann sie flexibler reagieren, da keine Fristen abgewartet werden müssen. Außerdem können Arbeitsspitzen vermieden werden, indem die Bearbeitung der Anträge über das ganze Jahr verteilt wird. Erfahrungsgemäß bekommen Stiftungen, die keine – oder mehrere – Stichtage für Bewerbungen haben, bessere Anträge. Die Bewerber können den Zeitpunkt selbst bestimmen und ihre Anträge dann stellen, wenn sie wirklich ausgereift sind.

> **Zweistufiges Antragsverfahren** *(Praxis-Tipp)*
>
> Es hat sich in der Förderpraxis bewährt, zweistufig vorzugehen: Stiftungen wie etwa die Deutsche Bundesstiftung Umwelt laden Bewerber dazu ein, sich und ihr Projekt zunächst in einer Kurzdarstellung vorzustellen, bevor sie einen formellen Antrag einreichen. Der Steckbrief wird von der Stiftung geprüft, die auf dieser Grundlage entscheidet, ob sie den Bewerber auffordert, eine komplette Bewerbung einzureichen.
>
> Der Vorteil des Verfahrens liegt auf der Hand: Weder Stiftung noch Bewerber investieren Zeit in die Bearbeitung von Anträgen, die von vornherein keine Aussicht auf Förderung haben.

Der Entscheidungsprozess

Gerade in kleineren Stiftungen kommt es darauf an, die Entscheidungsprozesse so schlank wie möglich zu gestalten. Die Mitglieder des Vorstandes werden in den meisten Fällen ehrenamtlich für die Stiftung tätig sein – die Zeit, die sie der Stiftung widmen, sollte man daher möglichst gut und effektiv nutzen. Sofern die Stiftung über (ehrenamtliche) Mitarbeiter verfügt, sollten diese auf jeden Fall die Bewerbungen vorab prüfen und dem Vorstand nur die Anträge vorlegen, die eine realistische Chance auf Förderung haben.

Strategien und Methoden der Stiftungsarbeit

Vorbereitung der Entscheidung
Jeder Vorstand muss für sich die richtige Balance zwischen bürokratischen Erfordernissen und kreativen Spielräumen finden. So stellt sich bereits bei der Vorbereitung der Sitzungen die Frage, wie viele Informationen über die einzelnen Antragsteller benötigt werden. Zu viele Informationen überlasten nicht nur den Vorstand, sondern auch die (ehrenamtlichen) Mitarbeiter und die Antragsteller; zu wenig Information machen es dem Vorstand schwer, richtige und angemessene Entscheidungen zu treffen.

Leitfragen der Antragsprüfung

Damit der Vorstand seiner Verantwortung gegenüber der Stiftung und den Antragstellern bestmöglich gerecht werden kann, sollte er die folgenden Fragen fundiert beantworten können:

- Entspricht das beantragte Projekt/der Antragsteller den Zielen der Stiftung und den Schwerpunkten ihres Förderprogramms?
- Hat der Antragsteller die Kompetenz, das Projekt bestmöglich durchzuführen?
- Können wir sicher sein, dass der Antragsteller verantwortungsvoll und ordnungsgemäß mit den Mitteln der Stiftung umgeht?
- Welche Ressourcen benötigt der Antragsteller, um sein Vorhaben zu verwirklichen?

Praxis-Tipp

Informationsbeschaffung
Zögern Sie im Einzelfall nicht, sich weitere Informationen über einen Antragsteller zu beschaffen, etwa über

- Gespräche (telefonisch/persönlich),
- Besuche vor Ort,
- Veröffentlichungen/Presserecherchen,
- Rückfragen bei Personen, die die Organisation kennen (Partner, Behörden usw.), oder
- Anfragen bei anderen Geldgebern der Organisation.

Sie sollten den Kandidaten allerdings zuvor informieren oder aber in der Ausschreibung darauf hinweisen, dass Sie gegebenenfalls eigene Recherchen anstellen werden.

Förderarbeit in der Praxis

Die Entscheidung über die Fördermittelvergabe
Falls die Stiftung in ihren Förderrichtlinien bestimmte Kriterien formuliert hat, muss es für den Vorstand eine Selbstverständlichkeit sein, diese zur Grundlage der Entscheidung zu machen. Die Kriterien haben – soweit sie nicht in der Satzung verbindlich vorgegeben sind – nur einen selbstverpflichtenden Charakter. Ein Vorstand, der sich darüber hinwegsetzt, setzt allerdings seine Glaubwürdigkeit und die der Stiftung aufs Spiel.

Je präziser die Stiftung festgelegt hat, wen bzw. was sie fördern möchte, desto schneller und überzeugender kann sie über die Vergabe ihrer Mittel entscheiden. Die Kriterien erleichtern dem Vorstand die Arbeit und machen die Entscheidung für die Antragsteller nachvollziehbar. Für die öffentliche Wahrnehmung der Stiftung ist diese Form der Transparenz überaus wichtig.

Kriterien der Entscheidung

> **Bieten Sie abgelehnten Bewerbern Perspektiven**
> Es ist nie angenehm, »nein« sagen zu müssen. Nicht zuletzt, weil negative Nachrichten unter Umständen auf die Stiftung zurückfallen könnten, sollten Sie die Absagen so gestalten, dass deutlich wird, warum die Stiftung sich für andere Bewerber entschieden hat. Auf diese Weise wird die Ablehnung nachvollziehbar. Sie sollten auch prüfen, ob Sie abgelehnten Bewerbern nicht hilfreiche Hinweise auf andere Finanzierungsmöglichkeiten bieten können, sodass die Absage eine konstruktive Alternative bietet.

Praxis-Tipp

Inhalte der Entscheidung
Die Entscheidung über die Vergabe von Fördermitteln an eine bestimmte Organisation/Person sollte dem erfolgreichen Antragsteller möglichst bald mitgeteilt werden. Zu den folgenden Punkten sollte die Entscheidung klare Aussagen treffen:
- Zweck der Förderung
- Betrag der Förderung
- Zeitraum der Förderung
- eventuelle Auflagen bzw. Einschränkungen der Förderung
- Zeitplan für die Auszahlung der Raten
- Regelungen für die Abrechnung (Form, Zeitpunkt)

Worüber muss der Vorstand entscheiden?

Strategien und Methoden der Stiftungsarbeit

- Regelungen über die Evaluation/Dokumentation (Form, Zeitpunkt)
- Regelungen für den Fall, dass das Projekt nicht wie geplant durchgeführt wird oder werden kann

Praxis-Tipp

> **Halten Sie die Bedingungen der Förderung schriftlich fest**
> Um der Förderung von Beginn an eine verbindliche Basis zu geben, ist es unbedingt ratsam, die Bedingungen der Zusage in einem Dokument zusammenzufassen und zur Grundlage der Zusammenarbeit mit dem Fördermittelempfänger zu machen. Die Zusage sollte schriftlich erfolgen und vom Empfänger akzeptiert werden, bevor die Förderung beginnt.
>
> Muster und Beispiele für Fördermittelzusagen bzw. Förderverträge finden Sie im Internet unter www.ratgeber-stiften.de.

Die Zusammenarbeit während der Förderung

Mit der Bewilligung der Mittel gehen Stiftung und Empfänger eine Partnerschaft ein, von der beide profitieren: Der Empfänger der Fördermittel kann dank der Stiftung seine Pläne realisieren – die Stiftung wiederum verwirklicht durch diese Zusammenarbeit die Zwecke, die ihr der Stifter aufgetragen hat. Beide Partner haben daher ein Interesse daran, die Zusammenarbeit möglichst reibungslos und fruchtbringend zu gestalten. Leider aber behandeln zu viele Stiftungen die Antragsteller nach wie vor als Bittsteller. Machen Sie diesen Fehler nicht! Die Förderung ist eine Partnerschaft, kein Almosen.

Erfolgsfaktoren einer Förderung

Faktoren einer erfolgreichen Partnerschaft zwischen einer Stiftung und den Empfängern ihrer Fördermittel:

- Anerkennung der Qualitäten des anderen
  Die Grundlage einer guten Partnerschaft ist gegenseitiger Respekt. Geben Sie Ihren Partnern daher nicht das Gefühl, bloße Bittsteller um Stiftungsmittel zu sein. Viele Ihrer Bewerber werden langjährige Erfahrungen in der Arbeit vor Ort haben und über ein großes Praxiswissen verfügen, von dem die Stiftung profitieren kann.

Falls Sie Zweifel an der Qualität der Arbeit Ihres Partners haben, sollten Sie gemeinsam nach Lösungen suchen – etwa durch gezielte Weiterbildungsmaßnahmen oder durch Unterstützung bei der Projektplanung. Lassen sich die Zweifel nicht ausräumen, sollten Sie von der Förderung lieber Abstand nehmen, als zu tief in die Durchführung einzugreifen.

- Vertraulichkeit
  Das Verhältnis zu den Fördermittelempfängern sollte nicht weniger professionell gestaltet werden als Geschäftskontakte. Eine wichtige Regel ist dabei die Vertraulichkeit. Beide Partner müssen sich darauf verlassen können, dass Informationen nur in beiderseitigem Einverständnis an Dritte bzw. an die Öffentlichkeit gelangen.

- Klare Kommunikation der Erwartungen
  Beide Seiten sollten zu Beginn der Förderung wissen, was sie von der anderen erwarten können. Die Empfänger der Fördermittel müssen wissen, zu welchem/n Zeitpunkt/en sie mit den Mitteln rechnen und ob sie von der Stiftung über die finanzielle Unterstützung hinaus noch zusätzliche Hilfen erwarten können. Die Stiftung wiederum sollte deutlich machen, was sie von dem geförderten Projekt erwartet und inwieweit sie in die Planung und Durchführung einbezogen werden möchte.
  Um Missverständnissen vorzubeugen, ist es besonders wichtig, die Berichtspflichten möglichst frühzeitig zu klären. Bereits zu Beginn der Förderung sollten Form, Inhalt und Zeitpunkt(e) von Berichten an die Stiftung besprochen werden.

- Ganzheitliche Unterstützung durch die Stiftung
  Jede Stiftung sollte ein Interesse daran haben, dass die von ihr geförderten Organisationen oder Personen ihre Arbeit auch nach Abschluss der Förderung fortsetzen können. Nur so kann gewährleistet werden, dass die einmalige Förderung nachhaltige Effekte hat. Stiftungen sollten deshalb prüfen, ob und wie sie ihre Partner über die finanzielle Förderung hinaus unterstützen können. So könnten sie Kontakte vermitteln oder bei der Einwerbung zusätz-

licher Mittel behilflich sein. Auch die Vernetzung von Fördermittelempfängern oder Hilfen beim Aufbau der organisatorischen Infrastruktur können eine mindestens ebenso wichtige Unterstützung wie ein finanzieller Beitrag darstellen.

Berichtspflichten der Empfänger

Generell kann man zwei Arten von Berichtspflichten unterscheiden: Bestimmte Nachweise über die Verwendung der Mittel *müssen* erfolgen, andere *können* erfolgen.

Gesetzlich erforderliche Berichte

Jede Stiftung muss die Verwendung ihrer Mittel nachweisen

Die Abgabenordnung (AO) verpflichtet Stiftungen dazu, die satzungsgemäße Verwendung ihrer Mittel nachzuweisen. Falls die Stiftung das Geld selbst für Projekte oder Personal ausgibt, muss sie dem Finanzamt daher die satzungsgemäße Verwendung durch die entsprechenden Rechnungen und Belege nachweisen. Da viele Stiftungen aber fördernd tätig sind, stellt sich das Problem in anderer Form: Bei einer Förderstiftung wird das Geld ja letzten Endes nicht von der Stiftung ausgegeben, sondern vom Empfänger der Fördermittel.

Trotzdem ist die Stiftung verpflichtet nachzuweisen, dass ihre Mittel entsprechend ihrer Satzung verwendet worden sind. In welchem Umfang sie das tun muss, hängt davon ab, an wen die Fördermittel vergeben werden.

Praxis-Tipp

> **Vereinbaren Sie frühzeitig Berichtspflichten**
> Um spätere Auseinandersetzungen zu vermeiden, sollten Sie die Berichtspflichten möglichst frühzeitig regeln. Idealerweise in der Ausschreibung, spätestens aber in der konkreten Fördermittelzusage sollten Sie festhalten, in welcher Art die Empfänger der Stiftungsgelder die Verwendung der Mittel nachweisen müssen.

a) Die Fördermittel werden an eine andere, ebenfalls gemeinnützige Organisation vergeben

Gemäß § 58 Nr. 2 AO darf eine Stiftung ihre Mittel »teilweise« einer anderen, ebenfalls steuerbegünstigten Körperschaft zuwenden (andere Stiftung, Verein usw.). Sofern die Zuwendung nicht den überwiegenden Teil der Stiftungsmittel ausmacht, braucht die Stiftung die Verwendung nicht im Einzelnen nachzuweisen. Es reicht aus, wenn sie dem Finanzamt gegenüber nachweist, dass die Empfängerorganisation als gemeinnützig anerkannt ist. Sie sollten sich daher den aktuellen Freistellungsbescheid der Organisation vorlegen lassen.

b) Die Fördermittel werden an eine öffentliche Körperschaft vergeben

Stiftungen dürfen ihre Mittel auch an Einrichtungen der öffentlichen Hand (Schule, Museum usw.) vergeben, sofern diese die Mittel für steuerbegünstigte Zwecke verwenden. Um diese Verwendung zu gewährleisten, sollte die Zuwendung durch die Stiftung zweckgebunden erfolgen. Die Stiftung muss sich von der geförderten Institution die Verwendung der Mittel durch Einzelbelege nachweisen lassen.

c) Die Fördermittel werden an Einzelpersonen vergeben

Viele Förderstiftungen fördern Einzelpersonen durch Stipendien. Da das Stipendium in der Regel für den allgemeinen Lebensunterhalt verwendet wird, ist kein Einzelnachweis durch den Stipendiaten nötig. Sie sollten allerdings zu Beginn der Förderung eine Vereinbarung treffen, in der die Bedingungen (Dauer, Höhe usw.) der Förderung niedergelegt und vom Stipendiaten schriftlich bestätigt werden.

d) Die Empfängerorganisation ist nicht gemeinnützig

Ist die Empfängerorganisation eine nicht gemeinnützige Initiative, Selbsthilfegruppe o. Ä., ist die Stiftung gegenüber dem Finanzamt in der Pflicht, im Einzelnen nachzuweisen, dass die Mittel satzungsgemäß verwendet worden sind. Generell sollte eine solche Förderung zweckgebunden erfolgen. Die Stiftung muss sich von den Empfängern der Fördermittel detailliert darüber informieren lassen, wofür das Geld ausgegeben worden ist.

Sie müssen also in diesen Fällen darauf bestehen, dass die Empfänger die Verwendung der Stiftungsmittel durch Belege und Quittungen

Strategien und Methoden der Stiftungsarbeit

dokumentieren. Dabei ist es prinzipiell ausreichend, sich Kopien der Belege aushändigen zu lassen. Sie sollten sich allerdings das Recht einräumen, bei Bedarf Einsicht in die Originalbelege nehmen zu können.

Praxis-Tipp

> **Der Nachweis muss zehn Jahre lang möglich sein**
> Die Stiftung muss zehn Jahre lang in der Lage sein, den Nachweis über die Verwendung ihrer Mittel zu führen. Entweder muss also die Stiftung den Empfänger darauf verpflichten, die entsprechenden Belege über diesen Zeitraum hinweg aufzuheben; die andere Möglichkeit ist, sich die Originalbelege aushändigen zu lassen und sie selbst zu den Akten zu nehmen.

Nachweis durch Einzelpostenaufstellung

Falls es sich um eine umfangreichere Förderung gehandelt hat, sollten Sie die Empfänger dazu auffordern, die Mittelverwendung durch eine Aufstellung der Einzelposten zu dokumentieren. Diese erleichtert es Ihnen, die Verwendung nachzuvollziehen. Die Aufstellung sollte chronologisch aufgebaut sein und die Ausgaben nach Sach- und Personalkosten trennen. Aus den jeweiligen Einträgen sollte eindeutig hervorgehen,

- wer das Geld erhalten hat,
- wofür das Geld ausgegeben worden ist,
- wann die Rechnung gestellt wurde,
- wie hoch der Betrag war.

Praxis-Tipp

> **Förderung im Ausland**
> Generell steht es Ihnen natürlich frei, die Fördermittel Ihrer Stiftung ins Ausland zu vergeben. Dies können Sie zum einen tun, indem Sie eine inländische Organisation bei ihrem Engagement im Ausland unterstützen; in diesem Fall ist der Verwendungsnachweis unproblematisch. Falls Sie aber selbst das Geld direkt im Ausland ausgeben, gelten erhöhte Sorgfaltspflichten, da das deutsche Finanzamt die Empfängerorganisation nicht prüfen kann. Wir empfehlen dringend, in diesen Fällen vor der Förderung mit dem Finanzamt Rücksprache zu halten und die besonderen Anforderungen an den Mittelverwendungsnachweis zu klären.

Förderarbeit in der Praxis

Weiter gehende Berichtspflichten

Natürlich haben Sie als Stifter ein Interesse daran zu erfahren, wie die Mittel der Stiftung verwendet wurden und ob sie etwas bewirkt haben. Entsprechend können Sie von den Empfängern der Fördermittel erwarten, dass sie Ihnen zumindest eine Rückmeldung geben und sich für die Unterstützung bedanken. Darüber hinaus können Sie jedoch noch weiter gehende Berichtspflichten vereinbaren, etwa darüber, wofür bzw. für wen das Geld genau verwendet worden ist oder was die Mittel bewirkt haben.

»Danke« sollte selbstverständlich sein

Bei der Vereinbarung weiter gehender Berichtspflichten sollten Sie allerdings versuchen, eine Balance zu finden: Ihr Interesse, möglichst genau über die Verwendung und Wirkung der Mittel informiert zu sein, sollte in einem angemessenen Verhältnis zu dem bürokratischen Aufwand stehen, der auf Seiten der Fördermittelempfänger nötig ist, um die Berichte anzufertigen. Sie sollten außerdem sicherstellen, dass die Stiftung die Berichte auch angemessen verarbeiten kann.

Verhältnismäßigkeit der Berichtspflichten

Generell sollten Sie möglichst zu Beginn der Förderung gemeinsam vereinbaren, in welcher Form, in welchem Umfang und zu welchen Zeitpunkten die Stiftung über die Verwendung ihrer Mittel informiert werden soll. Eine frühzeitige Einigung erspart allen Beteiligten langwierige Diskussionen und ermöglicht es dem Empfänger des Geldes, die entsprechenden Materialien bereits während der Förderung zu sammeln.

Berichte aus den Projekten für den Jahresbericht nutzen

Nutzen Sie die Möglichkeit, die Berichte über die Verwendung der Stiftungsmittel in einen Jahresbericht einzubinden. Damit kann die Stiftung auf sich aufmerksam machen – und was eignet sich für diesen Zweck besser als konkrete Beispiele, wie und wo die Stiftungsmittel geholfen haben?

Empfänger eines Jahresberichts können Unterstützer der Stiftung sein, aber auch die Fördermittelempfänger. Oftmals wird der Jahresbericht ins Internet gestellt, um auch gegenüber der Öffentlichkeit, also potenziellen Spendern und Zustiftern, Transparenz herzustellen (zu Inhalt und Gestaltung von Jahresberichten siehe Seite 76 f.).

Praxis-Tipp

Kapitel 3
Strategische Öffentlichkeitsarbeit für Stiftungen – mehr als »Gutes tun und darüber reden«

In diesem Kapitel
- erfahren Sie, welchen Beitrag strategische Öffentlichkeitsarbeit zum Erfolg Ihrer Projekte leisten kann,
- lernen Sie das Handwerkszeug der Öffentlichkeitsarbeit vom Identifizieren der Zielgruppen bis zum Schreiben von Pressemitteilungen und dem Gestalten von Internetseiten kennen,
- erfahren Sie, wie Sie erfolgreich mit Journalisten zusammenarbeiten, und
- werden Sie sehen, wie die Öffentlichkeitsarbeit bei der Projektplanung berücksichtigt wird.

Der Umgang mit der Öffentlichkeit ist ein wichtiger Teil der Stiftungsarbeit, wenn sie nicht nur im Verborgenen wirken soll. Öffentlichkeitsarbeit wird gut und erfolgreich, wenn sie geplant und zielgerichtet eingesetzt wird. Dann kann sie ein wichtiger Baustein sein, um die Ziele Ihrer Projekte zu erreichen. Folgende Leitfragen helfen Ihnen, erfolgreich zu kommunizieren:

Strategische Öffentlichkeitsarbeit für Stiftungen

Leitfragen

> An
> **welche Zielgruppen** sollen mit
> **welchem Ziel**
> **welche Botschaften** auf
> **welche Weise** vermittelt werden?

Im Weiteren werden wir die einzelnen Aspekte näher beleuchten.

Zielgruppen

Öffentlichkeitsarbeit wendet sich nie an »die Öffentlichkeit« – die gibt es nämlich gar nicht. So unterschiedlich wie die Menschen sind, so unterschiedlich ist ihr Interesse an Ihrer Stiftung oder Ihrem Projekt, so unterschiedlich sind ihre Handlungsmöglichkeiten, ihr Vorwissen, ihre Einstellungen. »Die Öffentlichkeit« besteht aus vielen Öffentlichkeiten – oder, aus Ihrer Sicht betrachtet, aus unterschiedlichen Zielgruppen.

Zielgruppen identifizieren

Wenn Sie Ihre Öffentlichkeitsarbeit planen, identifizieren Sie also zunächst einmal Zielgruppen. Gehen Sie dabei von Ihrer Stiftung oder von Ihrem Projekt aus. Überlegen Sie, wer für das Ziel Ihres Projekts wichtig ist. Wichtig ist jeder, der ein eigenes Interesse daran hat, dass das Projekt erfolgreich wird – oder dass es scheitert. Wichtig ist darüber hinaus jeder, der Sie bei der Erreichung des Projekts unterstützt oder unterstützen könnte.

Beispiele

> Zielgruppen können zum Beispiel sein:
> - die Betroffenen, für die Ihr Projekt eine Verbesserung erreichen soll
> - politische Akteure, die Sie bei Ihrem Projekt unterstützen oder behindern können (in Regierung und Verwaltung, Parlamenten, Parteien oder Verbänden)
> - Multiplikatoren, die Ihre Botschaften weitertragen können – zum Beispiel Lehrer, Journalisten, Eltern, Pfarrer oder Ärzte

Je genauer Sie die Zielgruppen identifizieren und abgrenzen, desto besser können Sie auf ihre Bedürfnisse eingehen und passgenau kommunizieren – eine wichtige Voraussetzung für Ihren Erfolg!

Ziele

Wie bei jeder strategischen Planung ist es auch bei der Öffentlichkeitsarbeit erforderlich, konkrete und realistische Ziele zu formulieren.

Ich möchte …	Der Empfänger soll anschließend …
… **informieren**	… etwas **wissen**
… **Verständnis** wecken und **Vertrauen** schaffen	… etwas **verstehen** und **zustimmen**
… **Verhalten** ändern oder zu einer bestimmten **Handlung** motivieren	… etwas **tun**

Die Ziele müssen klar definiert sein

Gehen Sie bei der Planung der Kommunikation immer vom Empfänger aus! Versetzen Sie sich in seine Lage: Was weiß er bereits? Welche Interessen hat er? Wie steht er zu Ihnen bzw. zu Ihrem Projekt? Welche Handlungsspielräume hat er? Was könnte ihn zu dem gewünschten Verhalten motivieren?

Gehen Sie vom Empfänger aus

> **Bestimmen Sie Ihre Zielgruppen**
> Sie möchten über eine neue Therapie für eine bestimmte Krankheit informieren. Als Zielgruppen identifizieren Sie
> - die Patienten,
> - eine Reihe von Patienten-Initiativen,
> - die Ärzte (bei denen Sie noch einmal zwischen Hausärzten und Spezialisten unterscheiden können) sowie
> - Journalisten (auch hier könnten Sie noch einmal zwischen Fachmedien für Ärzte und der allgemeinen Presse unterscheiden).

Beispiel

Strategische Öffentlichkeitsarbeit für Stiftungen

> Sie formulieren die folgenden Ziele:
> - Die Patienten sollen die Vor- und Nachteile der neuen Therapie kennen lernen.
> - Die Patienten-Initiativen sollen sich mit der neuen Therapie beschäftigen, ihre Mitglieder darüber informieren und sich bei den Krankenkassen dafür einsetzen, dass sie die Kosten übernehmen.
> - Die Ärzte sollen erfahren, welche Vorteile sich für sie und ihre Patienten aus der neuen Therapie ergeben, ihren Patienten die neue Behandlung vorschlagen und sich an der Auswertung beteiligen.
> - Die Journalisten sollen über die Vorteile der neuen Therapie berichten, damit Patienten und Ärzte von ihr erfahren. Gleichzeitig soll durch die Berichterstattung der Druck auf die Kassen gesteigert werden, die Kosten zu übernehmen.

Bei jeder dieser Gruppen wollen Sie etwas anderes erreichen. Was das für Ihre Arbeit bedeutet, erfahren Sie im nächsten Abschnitt.

Botschaften

Wenn Sie wissen, mit wem Sie reden und was Sie bei den Empfängern erreichen wollen, müssen Sie als Nächstes überlegen, welche Botschaften Sie vermitteln möchten. Formulieren Sie die Botschaften für jede Zielgruppe einmal konkret in ein oder zwei Sätzen. Versetzen Sie sich wieder in die Lage Ihrer Empfänger und überlegen Sie, was bei diesen ankommen soll.

Botschaften zielgruppengenau formulieren

Wählen Sie eine prägnante, anschauliche Formulierung, die deutlich macht, was der Empfänger wissen, meinen oder tun soll. Reduzieren Sie komplexe Zusammenhänge auf leicht verständliche Formeln – das ist schwierig, aber notwendig! Transportieren Sie zunächst eine einfache Botschaft. Eine ausführliche Erklärung der Hintergründe etc. können Sie bei Bedarf nachliefern. (Überlegen Sie einmal, wie viele Artikel Sie heute in Ihrer Tageszeitung *bis zum Ende* gelesen haben. Die meisten Leser steigen nach ein paar Sätzen aus – wenn bis dahin das Wichtigste nicht gesagt wurde, haben Sie diese verloren.)

Botschaften

Schauen wir uns noch einmal unser Beispiel von oben an. Welche Botschaften richten Sie an die verschiedenen Zielgruppen?

Wen wie ansprechen?

Die Patienten brauchen vor allem eine leicht verständliche, aber überzeugende Darstellung. Die Patienten-Initiativen sollen am meisten machen, haben aber gleichzeitig das größte eigene Interesse an dem Projekt. Wahrscheinlich ist es am besten, wenn Sie persönlich mit den Vertretern reden und ihnen Argumentationshilfen für die Diskussion mit den Krankenkassen zur Verfügung stellen. Für die Ärzte ist eine wissenschaftlichere Darstellung erforderlich. Die Journalisten müssen erfahren, was an dem neuen Verfahren ungewöhnlich und damit interessant für ihre Leser, Hörer oder Zuschauer ist, wer es erfunden hat, welche Kosten oder Einsparungen für die Allgemeinheit entstehen und wer dafür verantwortlich ist, dass es immer noch nicht eingeführt wurde.

> **Formulieren Sie eindeutige Botschaften**
>
> Patienten: »Mit der neuen Therapie steigt die Chance, dass ich schneller gesund werde. Gleichzeitig gibt es weniger Nebenwirkungen.«
>
> Patienten-Initiativen: »Um die neue Therapie, die unseren Mitgliedern besser hilft, einzuführen, müssen wir die Krankenkassen und die Politik davon überzeugen, dass die Gesundheit der Patienten wichtiger ist als die zusätzlichen Kosten.«
>
> Ärzte: »Die neue Therapie ist 50 Prozent effektiver und hat weniger Nebenwirkungen. Sie basiert auf einem Enzym, das im Elchblut entdeckt wurde, und macht sich einen bestimmten physiologischen Mechanismus zunutze, der die Therapie viel verträglicher macht als die bisherige Behandlung mit anderen Medikamenten.«
>
> Journalisten: »Elchblut hilft Menschen. Mit einer neuen Elchblut-Therapie aus Schweden kann 20 000 jungen Menschen in Deutschland erheblich besser geholfen werden. Die Krankenkassen weigern sich aber noch, dieses Verfahren zu bezahlen, obwohl die Kosten nur 10 Prozent höher liegen.«

Beispiel

Sie sehen: Derselbe Sachverhalt – unterschiedliche Botschaften. Im nächsten Kapitel erfahren Sie, wie Sie diese Botschaften Ihren Zielgruppen vermitteln können.

Strategische Öffentlichkeitsarbeit für Stiftungen

Öffentlichkeitsarbeit – das Handwerkszeug

Vor allem steht die fundierte Recherche

Gute Öffentlichkeitsarbeit hat zu tun mit guten Ideen, prägnanten Formulierungen – und jeder Menge Handwerk und Fleißarbeit. Die meiste Zeit investieren Sie am Anfang nicht in das Schreiben von Pressemitteilungen, sondern in das Recherchieren der richtigen Ansprechpartner. Wenn Ihr Verteiler aber erst einmal steht und nur noch regelmäßig gepflegt werden muss, können Sie sich voll auf Ihre inhaltlichen Botschaften konzentrieren.

Wie also erreichen Sie Ihre Zielgruppen? Lassen Sie einmal einen ganz normalen Tag in Ihrem Leben Revue passieren: Wo nehmen Sie überall Informationen auf? Hier eine kleine Liste von Möglichkeiten – Ihnen fallen bestimmt noch mehr ein:

Vielfältige Informationsquellen

- die Nachrichten im Radio
- das Plakat an der Haltestelle
- der Aufdruck auf der Fahrkarte
- die Werbung in der Straßenbahn
- die Tageszeitung
- der Frühstücksplausch mit den Kollegen
- die Büropost
- der E-Mail-Eingang
- das Telefon
- das schwarze Brett auf dem Flur
- das Rundschreiben der Firma
- die Tageskarte in der Kantine
- die Transparente der Demonstranten auf dem Heimweg
- das Anzeigenblatt vor der Tür
- die Post im Briefkasten
- der Zettel der Nachbarin an der Wohnungstür
- die Beschriftung der Nudelpackung vom Abendessen
- die Rednerin auf der Veranstaltung
- die Dias und Folien zu ihrem Vortrag
- die Diskussion mit den Podiumsteilnehmern
- die Unterhaltung mit dem Taxifahrer
- die Reportage im Fernsehen
- die Spätnachrichten
- die CD vor dem Einschlafen

Was lernen wir daraus?
- Jeden Tag stürzen Tausende von Informationen auf uns ein. Das meiste filtern wir schon unbewusst aus. An einen Bruchteil vom Rest können wir uns auch später noch erinnern. Nur ganz wenige der Botschaften erreichen und bewegen uns – meistens dann, wenn die Information uns bei einer passenden Gelegenheit in der geeigneten Form erreicht.
- Es gibt endlos viele Möglichkeiten, Menschen zu erreichen. Nur: Sie befinden sich in einem harten Konkurrenzkampf um die Aufmerksamkeit Ihrer Zielgruppe. Daher müssen Sie sich etwas einfallen lassen, denn es gibt auch unendlich viele Möglichkeiten, wie Sie Ihre Zeit mit vergeblichem Mühen verschwenden können.

Heben Sie sich von der Konkurrenz ab

Um die Aufmerksamkeit einer bestimmten Anzahl von Menschen zu gewinnen, gibt es im Prinzip zwei Strategien:
- Sie sprechen wenige ausgewählte Menschen sehr intensiv, persönlich und wiederholt an.
- Sie richten sich an eine sehr große Anzahl von Menschen und vertrauen darauf, dass einige dabei sein werden, die Ihre Botschaft aufnehmen, weil das Thema sie interessiert.

Mögliche Strategien

Tatsächlich versprechen beide Strategien Erfolg, und in der Praxis werden Sie sie häufig kombinieren. Für welches Vorgehen Sie sich entscheiden, hängt vom Informationsverhalten Ihrer jeweiligen Zielgruppen ab.

Die direkte Ansprache hat den Vorteil, dass Sie einen persönlichen Kontakt aufbauen, auf die individuellen Bedürfnisse eingehen und sofort reagieren können. Damit können Sie einen nachhaltigen Eindruck hinterlassen. Nachteilig ist der hohe Aufwand: Die Zahl der Menschen, die Sie auf diese Weise erreichen können, ist sehr begrenzt, wenn Sie nicht sehr viele Mitstreiter gewinnen.

Vor- und Nachteile der direkten Ansprache

Die Ansprache über Mailings, die Presse usw. hat einen hohen Streuverlust. Erfolgsquoten – selbst bei personalisierten Anschreiben – liegen in der Regel bei wenigen Prozenten, manchmal sogar unter einem Prozent. Das kann aber immer noch eine hohe absolute Zahl sein: Bei einer Zeitung mit einer Auflage von 50 000 Exemplaren, die im Schnitt von jeweils zwei Personen gelesen werden, haben vielleicht

Vor- und Nachteile des Mailings

Strategische Öffentlichkeitsarbeit für Stiftungen

schon 100 000 Menschen den Artikel über Ihr Projekt wahrgenommen. Wenn es Ihnen gelingt, eine Nachricht bei einer Agentur wie dpa (Deutsche Presse-Agentur) zu platzieren, wird diese von einer großen Anzahl von Journalisten wahrgenommen, die zusammen eine Millionenauflage bedienen – und das im günstigsten Fall für den Preis eines Faxes oder eines Abendessens mit dem richtigen Journalisten.

Auf beide Arten der Kommunikation – Direktansprache und Ansprache über Medien – gehen wir in den nächsten Abschnitten ausführlicher ein. Weil es für den Umgang mit Journalisten einige besondere Erfahrungsregeln gibt, werden sie in einem weiteren Abschnitt gesondert dargestellt.

Direktansprache

Wenn Sie nur wenige Menschen ansprechen wollen, oder wenn es Ihnen darauf ankommt, dass die von Ihnen Angesprochenen etwas genau verstehen oder tun sollen, wovon Sie sie erst überzeugen müssen, dann sollten Sie diese Personen direkt ansprechen.

Beispiel

Sie können zum Beispiel
- mit Freunden und Bekannten reden,
- Leute auf der Straße ansprechen (etwa an einem Info-Stand),
- Menschen anrufen, von denen Sie wissen, dass sie sich für das Thema interessieren, oder ihnen eine E-Mail bzw. einen Brief schreiben,
- gezielt den Kontakt zu Politikern, Verwaltungsbeamten, Funktionären usw. suchen, die auf Ihrem Projektgebiet für etwas zuständig sind,
- zu Vorträgen und Seminaren einladen.

Wirkungsvolle Kontaktaufnahme mit potenziellen Zielgruppen

Wie kommen Sie an Adressen von Menschen, die sich für Ihr Projekt interessieren, die Sie aber noch nicht kennen? Lernen Sie von der Werbung: Laden Sie Interessenten ein, sich bei Ihnen zu melden, etwa mit einem Gewinnspiel oder einem Gutschein zum Anfordern von Informationen. Ermöglichen Sie den Interessenten dabei eine weitere Kontaktaufnahme, zum Beispiel: »Ich möchte mehr Informationen über _____. Bitte rufen Sie mich in der Zeit von _____ bis _____ unter folgender Nummer _____ an.«

Sie sollten herausfinden, ob es schon Initiativen oder Vereine gibt, die sich mit Ihrem Thema beschäftigen. Dann können Sie sie bitten, dass z. B. beim nächsten Rundbrief eine entsprechende Einladung von Ihnen beigelegt wird. Auf diese Weise haben Sie schon eine sehr genaue Vorauswahl getroffen und kommunizieren gezielt. Adressen können Sie im Internet recherchieren, bei der Stadt erfragen oder im Telefonbuch finden.

> **Was Sie beachten sollten**
> - Rufen Sie nicht wahllos Leute an, die Sie nicht kennen.
> - Benutzen Sie fremde Verteiler nur, wenn derjenige, von dem Sie die Adressen bekommen, damit einverstanden ist, und benutzen Sie sie nur, um zu einer weiteren Kontaktaufnahme mit Ihnen einzuladen.
> - Haben Sie keine Angst davor, Menschen anzusprechen, bei denen Sie ein echtes Interesse vermuten – vielleicht haben sie nur darauf gewartet.
> - Häufig werden Sie die Antwort »nein« hören – lassen Sie sich durch diese Misserfolge nicht abschrecken.

Praxis-Tipp

Erfolg versprechende Medien

Wenn Sie eine größere Zahl von Empfängern erreichen wollen, müssen Sie Medien einsetzen. Entweder erstellen Sie selbst welche – oder Sie versuchen, Journalisten dazu zu bringen, über Ihr Anliegen zu berichten. Um diesen unterschiedlichen Umgang mit Medien geht es in den nächsten beiden Abschnitten.

Medien transportieren Informationen. Wenn sie gut gemacht sind, sprechen sie vielleicht auch persönlich an und wecken Emotionen. Das bedeutet: Alles, was eine Information transportieren kann, können Sie als Medium einsetzen – vom Bierdeckel bis zur Lautsprecherdurchsage. Auf Seite 70 sind schon einige Medien aufgelistet worden. Die folgenden stellen wir Ihnen etwas ausführlicher vor:

Strategische Öffentlichkeitsarbeit für Stiftungen

Einzelne Medien
- Logo und Corporate Design
- Jahresbericht
- Informationsflyer/Selbstdarstellungsbroschüre
- Serienbrief (»Mailing«)
- Rundbrief (»Newsletter«)
- Internet-Angebot (»Website«)

Logo und Corporate Design

Vielseitig einsetzbar mit Wiedererkennungswert

Ein Logo – oder eine Wort-Bild-Marke – ist noch kein Medium an sich, aber ein wichtiges Gestaltungselement, das Sie bei allen anderen Medien einsetzen können, von der Visitenkarte bis zur Website.

Gute Logos

Ein gutes Logo
- ist unverwechselbar und leicht wiederzuerkennen,
- ist so einfach, dass man es schnell auch mit der Hand zeichnen kann, und
- sieht auch beim Schwarz-Weiß-Druck, nach dem Fotokopieren oder auf einem Fax noch gut aus.

Ein Logo begleitet Sie möglicherweise viele Jahre lang. Es bildet ein wichtiges Element des Corporate Designs, der einheitlichen Gestaltung Ihres Außenauftritts. Mit einem einheitlichen Auftritt erreichen Sie, dass Ihre Publikationen, Flyer, Briefe etc. schnell als Ihre erkannt werden. Wenn Ihr Empfänger schon etwas über Sie weiß, Sie schätzt und an Ihrer Arbeit interessiert ist, haben Sie mit dem Wiedererkennen schon die erste Aufmerksamkeitshürde genommen.

Bei der Entwicklung können Sie sich von Profis beraten lassen. Das Logo sollte nachher nicht nur als Papiervorlage, sondern auch als Computergrafik (in verschiedenen Formaten und Auflösungen für den Druck und zum Beispiel das Internet) vorliegen, damit Sie es flexibel einsetzen können.

Die passende Schrift

Ein weiteres Element Ihres Corporate Designs kann eine einheitliche Schrift sein. Wenn Sie einen Computer mit einem Textverarbeitungsprogramm oder einer Software für das Desktop Publishing (DTP, zum Beispiel Microsoft Publisher) haben, sind dort schon viele

Schriften mitgeliefert. Setzen Sie zur Probe einmal verschiedene Texte in den Schriften, die Ihnen gefallen. Nehmen Sie einen typischen Brief oder eine typische Broschüre und gestalten Sie sie mit den Schriften. Sehen Sie sich die Beispiele auch als Ausdruck an – der Eindruck am Bildschirm ist meistens etwas anders. Wichtig ist, dass die Schrift gut lesbar ist, Ihnen gefällt und zu Ihrer Stiftung passt.

> **Nutzen Sie PDF-Dateien**
> Wenn Sie viele Texte (auch) digital veröffentlichen wollen, zum Beispiel zum Herunterladen von Ihrer Internet-Seite, eignet sich dafür das Portable Document Format (PDF) besonders gut, weil die Datei auf jedem Rechner gleich aussieht; das ist bei Dateien von Textverarbeitungen häufig nicht der Fall.
> Zum Erstellen von PDF-Dokumenten brauchen Sie eine spezielle Software, zum Beispiel Adobe Acrobat, Ghostscript oder Jaws PDF Creator. Zum Anzeigen von PDF-Dateien kann der kostenlos erhältliche und weit verbreitete Adobe Acrobat Reader verwendet werden.

Praxis-Tipp

Wenn Sie sich für ein Corporate Design entschieden haben, sollten Sie dieses konsequent bei allen Kommunikationsmitteln anwenden. Das betrifft zum Beispiel:

- Visitenkarten
- Briefpapier
- Internet-Auftritt
- gedruckte Publikationen

Corporate Design konsequent beibehalten

Eine Ausnahme bildet die E-Mail. Formatierungen können hier nicht ohne Probleme mit übertragen werden. Was bei Ihnen schön und bunt aussieht, kann bei Ihrem Empfänger als wirres Durcheinander ankommen. Wir empfehlen daher, E-Mails möglichst im reinen Text-Format zu senden. Wenn es Ihnen auf die Gestaltung ankommt, können Sie ein formatiertes Dokument als PDF-Datei anhängen (Attachment). Das sollten Sie aber nur tun, wenn Sie davon ausgehen können, dass der Empfänger damit einverstanden ist: Die PDF-Datei ist unter Umständen ziemlich groß, und das Herunterladen kann entsprechend lange dauern.

Die Ausnahme: E-Mail

Strategische Öffentlichkeitsarbeit für Stiftungen

Der Jahresbericht

Der Tätigkeitsbericht für alle Zielgruppen

Mit einem Jahresbericht können Sie die Arbeit Ihrer Stiftung zusammengefasst darstellen. Er dient als Bestätigung für geleistete Arbeit sowie als Hinweis auf zukünftige Ziele. Empfänger des Jahresberichts können die Unterstützer der Stiftung sein (Zustifter, Spender usw.), die Projektpartner oder die Empfänger der Stiftungsleistungen (Destinatäre). Oftmals wird der Jahresbericht ins Internet gestellt, um auch der Öffentlichkeit gegenüber Transparenz herzustellen.

Das Verfassen dieses Tätigkeitsberichtes ist eine Gratwanderung: Einerseits möchte man möglichst viele Informationen über die Stiftung und ihre Arbeit präsentieren, andererseits aber sollte der Bericht ansprechend sein – das bedeutet kürzere Abschnitte, lockeres Layout und Mut zur Lücke. Nicht alle Informationen über interne Veränderungen oder gute Projekte gehören in den Bericht – vielleicht eignet sich ja die eine oder andere Nachricht auch für den nächsten Stiftungs-Newsletter?

Praxis-Tipp

Lesen Sie die Jahresberichte anderer Organisationen
Natürlich ist Ihr Jahresbericht einzigartig. Er stellt Ihre Stiftung mit ihren ganz besonderen Zielen und Anliegen dar. Das heißt jedoch nicht, dass Sie sich bei seiner Erstellung nicht von anderen Beispielen inspirieren lassen sollten. Im Gegenteil: Es gibt viele gute Beispiele gelungener Jahresberichte, von denen man sich in Hinsicht auf Inhalte, Layout, Gestaltung, Formulierungen usw. anregen lassen kann. Nutzen Sie diese Chance unbedingt!

Der Jahresbericht: Kür, keine Pflicht

Stiftungen sind rechtlich nicht dazu verpflichtet, der Öffentlichkeit regelmäßig über ihre Aktivitäten zu berichten. Anders als bei Wirtschaftsunternehmen gibt es daher keinerlei Vorgaben für die Erstellung eines Jahresberichts, sodass Sie den Tätigkeitsbericht Ihrer Stiftung ganz individuell gestalten können. Wie auch bei allen anderen Kommunikationsmitteln sollten Sie dabei vom Leser her denken, nicht von der Organisation. Überlegen Sie bei der Konzeption, was Sie bei Ihren Zielgruppen erreichen wollen: Möchten Sie eher sachlich informieren oder positive Emotionen wecken, zum Beispiel, um sie zum

Mitmachen zu gewinnen? Diese Entscheidung schlägt sich dann in Textauswahl und Gestaltung nieder.

Je nach Ziel und Zielgruppen kann ein Jahresbericht enthalten: *Mögliche Inhalte*
- **Arbeitsschwerpunkte im Berichtsjahr**
  - Darstellung besonders erfolgreicher Projekte
  - Übersicht über alle Projekte
  - ggf. eine Erläuterung, warum die Stiftung bestimmte Schwerpunkte gesetzt hat
- **Hintergrundinformationen zu den Schwerpunkten**
  - Berichte über Hintergründe und aktuelle Entwicklungen
  - Interviews mit Projektpartnern
- **Anerkennung der Unterstützer**
  - Dank an alle ehrenamtlichen Helfer der Stiftung
  - Auflistung der Einzelspender und Zustifter (soweit nicht Anonymität vereinbart wurde)
- **Informationen über die Stiftung**
  - Vorstellung der Ziele und Zwecke der Stiftung
  - Vorstellung des Stifters und seiner Motive
  - Namen der Gremienmitglieder und ggf. Mitarbeiter
  - Finanzdaten der Stiftung (Bilanz, Budgets, Verwaltungskosten)

Informationsflyer/Selbstdarstellungsbroschüre

Häufig haben Sie nur kurz Gelegenheit, im Gespräch mit Journalisten, Interessenten oder möglichen Unterstützern Ihre Stiftung vorzustellen. Für solche – und viele andere – Situationen ist eine Kurzdarstellung der Stiftung sehr hilfreich. Eine solche Broschüre können Sie bei Veranstaltungen auslegen, verschicken oder Gesprächspartnern als Gedächtnisstütze mitgeben.   *Die Stiftung in Kürze*

Der Informationsflyer soll weder den Jahresbericht ersetzen noch alle Fragen zur Stiftung beantworten. Ein guter Flyer
- erregt die Aufmerksamkeit des Lesers und lädt ihn dazu ein, sich intensiver mit der Stiftung zu beschäftigen, und
- enthält die wichtigsten Informationen in knappster Form und macht deutlich, auf welche Weise der Leser mehr Informationen erhalten bzw. mit der Stiftung in Kontakt kommen kann.

Strategische Öffentlichkeitsarbeit für Stiftungen

Inhalt des Flyers Dementsprechend sollte ein Flyer folgende Informationen enthalten:
- Kurzdarstellung der Stiftung (Ziele, Zwecke)
- ggf. Kurzporträt des Stifters
- Darstellung der Arbeitsschwerpunkte der Stiftung
- Grundsätze zur Arbeitsweise (fördernd/operativ, Antragsmöglichkeiten)
- Kontaktinformationen (Ansprechpartner, Adresse, ggf. Anfahrtsskizze, Spendenkonto)

Welche Form für Ihre Broschüre richtig ist, lässt sich nicht generell beantworten. In der einfachsten Form heften Sie einige Blätter an der Ecke oder am Rand zusammen. Am aufwändigsten ist es, ein Faltblatt mit einem festen Umschlag drucken zu lassen. Als Größe hat sich das Format »DIN lang« (10,5 x 21 cm) bewährt – es lässt sich günstig versenden und passt auch gut in jede Anzug- oder Handtasche.

Checkliste Berücksichtigen Sie bei Ihren Überlegungen folgende Fragen:
- Wie viel Geld können oder wollen Sie investieren? Wollen Sie lieber ein tolles Layout bei geringer Auflage? Oder möchten Sie bei der Gestaltung sparen und lieber mehr Exemplare drucken lassen?
- Welche Halbwertszeit haben die Informationen? Wird Ihre Broschüre womöglich schon bald überholt sein, zum Beispiel durch neue Schwerpunktsetzungen? Dann sollten Sie lieber schnell, flexibel und mit wenig Aufwand arbeiten. Oder können Sie Ihre Publikation auch noch in einigen Jahren einsetzen?
- Lässt sich die Broschüre ohne Probleme auch als Datei digital vertreiben (als PDF-Datei, siehe Seite 75)?

Gestaltung Bei der Gestaltung Ihrer Broschüre sollten Sie zunächst eine Gliederung erstellen. Welche Informationen erwartet der Leser in welcher Reihenfolge? Wenn Ihre Broschüre nicht nur Text enthält, sondern auch Fotos, Grafiken oder Tabellen, dann müssen Sie sich beim Layout die Platzierung gut überlegen. Beachten Sie, dass die Seitenzahl aus drucktechnischen Gründen durch vier teilbar sein muss.

Gestalten Sie die gegenüberliegenden Seiten immer zusammen als Doppelseiten. Eine Übersicht auf einem großen Bogen Papier kann hilfreich sein:

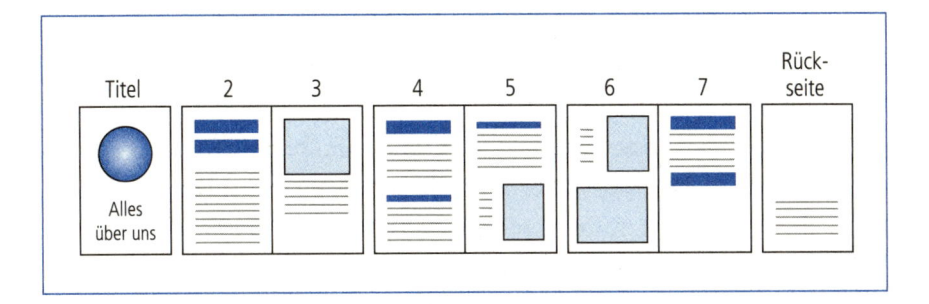

Serienbrief (»Mailing«)

Eine gute Möglichkeit der unmittelbaren Ansprache Ihrer Zielgruppen sind personalisierte Briefe. Der Vorteil gegenüber dem (unpersönlichen) Versand von Flugblättern oder Broschüren ist, dass sich die Empfänger direkt angesprochen fühlen (können). Sie können auch verschiedene Brieftexte für unterschiedliche Empfängergruppen entwerfen und so auf die jeweils verschiedenen Bedürfnisse eingehen.

Vorteile von Mailings

Voraussetzung für ein gutes Mailing ist ein qualifizierter Adressenbestand. Anschriften von Interessierten können Sie heraussuchen (weil Sie die Zielgruppe kennen). Sie können Interessierte auch gewinnen, indem Sie bei Flugblättern, Broschüren und auf Ihrer Website eine Response-Möglichkeit vorsehen. Ihr Adressverteiler muss regelmäßig sorgfältig gepflegt werden. Nach einem Versand muss bei den Rückläufern recherchiert werden, ob sich eine neue Adresse ermitteln lässt; anderenfalls ist es besser, die Adresse zu löschen.

Voraussetzung: guter Adressenbestand

Einige Grundregeln für den Entwurf Ihres Briefes
- Die ersten 20 Sekunden entscheiden, ob Ihre Botschaft zur Kenntnis genommen wird. Gestalten Sie Ihren Brief so übersichtlich, dass in dieser Zeit die wesentlichen Informationen aufgenommen werden können.
- Für das Layout bedeutet das: keine langen Textblöcke, zentrale Aussagen freistellen und ggf. durch Fettdruck oder Unterstreichung weitere wichtige Stellen herausheben. Absätze sollten nicht länger als vier bis sechs Zeilen sein.

Praxis-Tipp

- Die persönliche Ansprache ist wichtig. Namen müssen richtig geschrieben sein.
- Logos, Fotos, Kästen erzeugen Aufmerksamkeit. Nutzen Sie die Gestaltung der Seite, um den Blick des Lesers zu führen.
- Eine Unterschrift sollte leserlich sein. Wenn es die Anzahl der Briefe erlaubt, unterschreiben Sie von Hand. Eine gescannte und gedruckte Unterschrift ist auch möglich, ein Unterschriftenstempel nicht.
- PS: Das Postskriptum wird besonders aufmerksam gelesen. Nutzen Sie es für eine wichtige zusätzliche Botschaft oder eine Handlungsaufforderung.

Sie können Ihrem Brief Informationsblätter, einen Antwortbogen oder eine Postkarte, einen Aufkleber oder Ähnliches beilegen. Beachten Sie aber die Gewichtsgrenzen: Ein Blatt zu viel kann schnell doppeltes Porto bedeuten.

Praxis-Tipp

Mailing mit Response-Möglichkeit
Mailings eignen sich gut, um einen Dialog mit Ihrer Zielgruppe zu beginnen. Sie müssen dann eine Antwortmöglichkeit (Response) vorsehen, zum Beispiel eine Postkarte mit Ihrer vorgedruckten Adresse.

Wenn Sie eine Postkarte oder einen Rückumschlag beilegen, können Sie das Porto (ganz oder teilweise) für den Empfänger übernehmen. Für die Gestaltung einer solchen Werbeantwort gibt es einige einfache Regeln der Post, damit die Sendungen automatisch bearbeitet werden können. Beim Freimachungsvermerk können Sie wählen zwischen »Entgelt zahlt Empfänger«, »Bitte ausreichend freimachen« und »Bitte freimachen, falls Marke zur Hand«. Der Empfänger zahlt das Porto bzw. die Differenz zwischen Porto und Frankierung sowie ein Zusatzporto von 0,06 Euro. Weitere Informationen erhalten Sie beim Postamt oder unter www.post.de (Stichwort: Werbeantwort).

Für Antworten können Sie natürlich auch eine Telefonnummer oder E-Mail-Adresse angeben oder ein Antwortformular auf Ihrer Webseite anbieten. Da jeder Mensch andere Kommunikationsgewohnheiten hat, sollten Sie möglichst mehrere Wege zur Kontaktaufnahme eröffnen.

Rundbrief (»Newsletter«)

Wenn Sie eine bestimmte Zielgruppe regelmäßig über Ihre Projekte, Veranstaltungen und andere Neuigkeiten auf dem Laufenden halten wollen, können Sie einen regelmäßigen Rundbrief versenden. Der Aufwand ist nach oben unbegrenzt: Sie können den Rundbrief bis zu einer richtigen Zeitschrift im Farbdruck ausbauen. Häufig wird es aber reichen, mit Fotokopien oder einem einfachen Druck zu arbeiten.

Regelmäßig informieren

Der Newsletter eignet sich vor allem für Zielgruppen, die die Arbeit Ihrer Stiftung über einen längeren Zeitraum begleiten. Das können Projektpartner sein, Freunde und Förderer, aber auch Politiker oder die Vertreter von Verbänden und Institutionen, die in Ihrem Bereich aktiv sind. Mit einem Newsletter zu Ihrem Fachthema speziell für die Medien können Sie sich einen Namen als kompetenter Ansprechpartner machen, auf den Journalisten bei Bedarf zukommen.

Besonders effektiv für »Beteiligte«

Wenn Sie über die Inhalte des Rundbriefs nachdenken, versetzen Sie sich wieder in die Lage der Empfänger: Was würden Sie über Ihre Stiftung erfahren wollen? Sammeln Sie Ideen und entwickeln Sie daraus das Konzept für den Newsletter.

Mögliche Inhalte für einen Rundbrief:
- aktuelle Entwicklungen in den Projekten der Stiftung
- Erfolge der geförderten Einrichtungen
- Vorstellung der (neuen) Gremienmitglieder und Mitarbeiter
- Hintergrundinformationen aus Ihrem Betätigungsfeld (zum Beispiel über neue gesetzliche Regelungen)
- Berichte aus anderen Ländern
- Vorstellung von Partnerinstitutionen, Büchern oder interessanten Internet-Angeboten

Beispiel

Bevor Sie mit dem Rundbrief starten, sollten Sie einige grundlegende Fragen beantworten:
- Welche *Kommunikationsziele* verfolgen Sie damit? Werden diese durch andere Medien bereits (besser) abgedeckt? Können Sie mit dem Rundbrief andere Kommunikationsformen ersetzen?

Leitfragen für die Erstellung des Rundbriefes

- Wer ist langfristig für Redaktion, Herstellung und Versand *verantwortlich*?
- *Wie häufig* soll der Rundbrief erscheinen? Unterschätzen Sie nicht den Aufwand. Stecken Sie sich keine zu ehrgeizigen Ziele: Drei bis fünf Ausgaben pro Jahr sind ein guter Start.
- *Wann* soll der Rundbrief erscheinen? Wenn Sie auch Zustiftungen oder Projektmittel für Ihre Arbeit einwerben, ist es sinnvoll, die Erscheinungsweise auf Ihren Fundraising-Kalender abzustimmen (Weihnachtsspenden!). Weitere relevante Daten sind der Jahresabschluss, wichtige Meilensteine oder Veranstaltungen in Projekten, Kuratoriums-Sitzungen etc. Legen Sie die Erscheinungstermine jeweils für ca. ein Jahr im Voraus fest; dann rechnen Sie von diesem Versandtermin zurück, wie lange Sie für Gestaltung und Herstellung brauchen und bis wann die Artikel fertig geschrieben sein müssen. Planen Sie Zeitpuffer ein! Eine Woche kann sehr schnell vergehen, während Sie auf einen angekündigten Beitrag warten.
- In welchem *Format* soll der Rundbrief erscheinen? Denkbar ist alles: vom einfachen Brief des Vorstandsvorsitzenden über ein E-Mail-Format bis hin zur aufwändig gestalteten kleinen Zeitschrift. Eine gute semi-professionelle Lösung besteht darin, den Newsletter auf einen A3-Bogen zu drucken, der einmal gefaltet wird. Dann haben Sie vier A4-Seiten für Text und Bilder, die auch einige Möglichkeiten für das Layout eröffnen. Wenn Sie auf dem Bogen Ihr Logo schon in Farbe vordrucken, können Sie den Rest in Schwarz-Weiß bedrucken oder kopieren; das spart Geld, weil Sie von den großen Bögen zum Beispiel einen Jahresvorrat günstiger drucken lassen können. Wenn Sie mehr Platz brauchen, können Sie einzelne Blätter oder Doppelbögen einlegen.
- Wie soll das *Layout* aussehen? Ob Sie den Text in zwei, drei oder vier Spalten setzen, ist Geschmackssache. Eine Textzeile sollte zwischen 30 und 60 Zeichen haben. Wählen Sie die Schriften nicht zu klein. Wie beim Gestalten einer Broschüre (siehe Seite 78 f.) sollten Sie die Seiten erst einmal grob skizzieren und die Inhalte darauf verteilen. Fotos und Kästen fangen den Blick: Ein typischer Blickverlauf geht vom Foto zur Bildunterzeile, von dort zur Überschrift und zur fett gedruckten Einleitung, überfliegt dann den Text und bleibt an Zwischenüberschriften hängen.

> **So verbessern Sie Ihren Newsletter** — *Praxis-Tipp*
> - Verwenden Sie Fotos als Blickfang.
> - Drucken Sie kein Foto ohne Bildunterzeile.
> - Stellen Sie Zahlen in übersichtlichen Tabellen oder Diagrammen dar.
> - Richten Sie regelmäßige Kolumnen ein, zum Beispiel »Personalien«, »Was macht eigentlich …?«, »Kurznachrichten aus den Projekten«, »Website des Monats«.
> - Orientieren Sie sich beim Schreiben der Artikel an journalistischen Darstellungsformen (Nachricht, Hintergrundbericht, Reportage usw.; siehe dazu auch das Kapitel zum Umgang mit Journalisten ab Seite 85).
> - Machen Sie regelmäßig »Blattkritik« mit einem Journalisten aus Ihrem Umfeld, der Sie auf Fehler und Verbesserungsmöglichkeiten hinweist.
> - Geben Sie Gästen, Freunden und Förderern die Möglichkeit, ihre Sicht der Stiftungsarbeit in kurzen eigenen Beiträgen zu dokumentieren. Haben Sie keine Angst vor kritischen Anmerkungen – damit können Sie zeigen, dass Sie die Kritik ernst nehmen.
> - Jeder liest gerne seinen eigenen Namen gedruckt – lassen Sie Projektpartner, Spender und Prominente zu Wort kommen (auch mit Zitaten in Artikeln).

Jedes Druckwerk braucht ein Impressum (siehe zum Beispiel § 8 Pressegesetz Nordrhein-Westfalen). Daraus müssen zu ersehen sein: der Name und die Anschrift des Druckers und des Verlags oder (beim Selbstverlag) des Herausgebers sowie Name und Anschrift des verantwortlichen Redakteurs (»V. i. S. d. P.« = Verantwortlich im Sinne des Presserechtes).

Nicht vergessen: das Impressum

Internet-Angebot (»Website«)

Mehr als die Hälfte der Bevölkerung ab 14 Jahren nutzt heute das Internet, in der Gruppe der 14- bis 19-Jährigen sind es über 90 Prozent. Die Tendenz ist immer noch steigend.

Mit einem Internet-Angebot können Sie auf einfache Weise Informationen über Ihre Stiftung zur Verfügung stellen und zur Kontaktaufnahme einladen. Beim Erstellen einer Internet-Präsenz sind die folgenden Aspekte zentral:

Zentrale Aspekte

- *Selbst machen oder machen lassen?* Einfache Internet-Seiten können mit wenig Aufwand selbst gestaltet werden. Voraussetzung sind allerdings etwas technisches Verständnis, die Lust, sich in Internet-Techniken wie HTML oder CSS einzuarbeiten – und ausreichend Zeit, um Seiten zu texten, zu programmieren, zu testen und zu pflegen. Wenn Sie Ihr Angebot hingegen durch eine Agentur gestalten lassen, kann dies schnell teuer werden. Hier sollten Sie Preise und Leistungen genau vergleichen und sich anhand von Referenzen über mögliche Gestaltungen, aber auch über die voraussichtlichen Gesamtkosten informieren lassen.
- *Welche Informationen* für welche Zielgruppen? Beim Auswählen der Inhalte sollten Sie zunächst überlegen, wer welche Informationen über Ihre Stiftung suchen wird. Klicken Sie sich einmal selbst durch das Angebot anderer Stiftungen: Finden Sie alles, was Sie interessiert? Und wodurch wurden Sie auf weitere Informationen neugierig gemacht? Legen Sie für sich (oder die Agentur) schriftlich fest, für wen welche Inhalte bereitgestellt werden sollen.
- *Einfache Navigation:* Die meisten Menschen orientieren sich im Internet über Suchmaschinen. Viele Nutzer erreichen also Ihr Angebot nicht über Ihre Startseite, sondern landen irgendwo auf Ihrer Website. Von jeder Seite aus sollte es daher möglich sein, mit einem Klick auf die Startseite zurückzukehren. Orientieren Sie sich bei der Seitenstruktur an Internetangeboten, die Ihnen selbst gefallen und bei denen Sie sich auf Anhieb zurechtgefunden haben.
- Denken Sie bei der *Gestaltung* daran, dass auch viele Menschen das Internet nutzen, die nicht (gut) sehen können. Blinde verwenden daher häufig Braille-Zeilen, die die Textinhalte Ihrer Seiten in Blindenschrift anzeigen können. Bunte grafische Elemente sollten daher nur zur Illustration verwendet werden, aber zum Beispiel niemals für die Navigation.
- Wenn Sie eine *Agentur* beauftragen, klären Sie rechtzeitig, zu welchen Konditionen Aktualisierungen erfolgen bzw. ob (und welche) Sie ggf. selbst vornehmen können.
- Ihr Internetangebot sollte die Möglichkeit bieten, per Mail, Formular oder auf andere Weise mit Ihnen *Kontakt* aufzunehmen. Häufig wird das Internet auch genutzt, um Ansprechpartner, Adres-

sen und Telefonnummern zu recherchieren. Diese Informationen sollten einfach zugänglich sein.
- Nach § 6 Teledienstegesetz (TDG) ist ein *Impressum* auch bei Webseiten Pflicht; Verstöße können zu Bußgeldern oder Abmahnungen führen.
- Vorsicht bei Werbung und bei *Sponsoren-Bannern*, die mit den Webseiten Ihrer Förderer verlinkt sind: Sie könnten damit unabsichtlich einen (umsatz-)steuerpflichtigen wirtschaftlichen Geschäftsbetrieb begründen. Im Zweifel sollten Sie das vorher klären.

Im Internet finden Sie zu all diesen Themen ausführliche Informationen mithilfe von Suchmaschinen und Webverzeichnissen.

Informative Internetseiten
http://selfhtml.org
Anleitung und Dokumentation zur Programmierung von Webseiten

http://www.drweb.de
Webdesign-Magazin

http://www.opensourcecms.com
Test-Installationen von kostenlosen Content Management Systemen zum Ausprobieren

http://www.einfach-fuer-alle.de
Informationsseite der Aktion Mensch zur barrierefreien Gestaltung von Internet Angeboten

Pressearbeit – vom richtigen Umgang mit Journalisten

Warum alles selbst machen? Lassen Sie doch Journalisten über Ihre Stiftung und Ihre Arbeit berichten! Ganz so einfach funktioniert das zwar nicht, aber der Aufwand lohnt sich.
- Medien genießen immer noch ein hohes Maß an Glaubwürdigkeit – ob zu Recht oder Unrecht, spielt offenbar keine Rolle. »Wenn's in der Zeitung steht, wird schon was dran sein.«

Strategische Öffentlichkeitsarbeit für Stiftungen

- Zeitungen, Zeitschriften, Radio und Fernsehen haben eine höhere Reichweite, als Sie sie mit Ihren eigenen Publikationen je erreichen könnten. Zwar sind auch die Streuverluste hoch, aber die Chance, dass Interessierte zufällig auf Sie aufmerksam werden, steigt mit jedem verkauften Blatt.
- Das Preis-Leistungs-Verhältnis ist unschlagbar. Pressearbeit kostet zwar Zeit und Mühe, ist aber schon mit wenig Geld möglich. (Natürlich können Sie auch viel Geld für eine professionelle PR-Agentur ausgeben, wenn Sie selbst keine Zeit haben oder investieren wollen.)

Praxis-Tipp

Allgemeine Tipps
- Pressearbeit ist ein Geschäft auf Gegenseitigkeit: Sie bieten eine interessante Geschichte und erhalten dafür Öffentlichkeit.
- Gehen Sie mit Journalisten so um, wie Sie es umgekehrt auch schätzen: Seien Sie höflich, aber selbstbewusst, reagieren Sie gelassen auf unverschämte Fragen (vielleicht sollte nur eine interessante Antwort provoziert werden?), verkaufen Sie sie nicht für dumm, aber setzen Sie weder zu viel Vorwissen noch Interesse daran voraus, sich in Ihr Spezialgebiet umfassend einzuarbeiten.
- Entwickeln Sie ein Verständnis für die Bedürfnisse von Journalisten: Liefern Sie, was gebraucht wird, und weisen Sie auch einmal auf andere interessante Quellen hin. Bauen Sie langfristige Beziehungen auf – dann werden Sie auch in kritischen Fällen erst gefragt, bevor über Sie berichtet wird.

Überblick

Die wichtigsten Aufgaben der Pressearbeit:
- zielgruppenrelevante Medien identifizieren
- Journalisten-Verteiler zusammenstellen und pflegen
- Botschaften formulieren
- Unterlagen für Journalisten vorbereiten
- Bildmotive anbieten
- Pressekonferenzen vorbereiten und durchführen
- Medien-Echo auswerten

Medien identifizieren

Welche Medien liest, hört und sieht Ihre Zielgruppe? Die Informationsgewohnheiten Ihrer Empfänger sind der Schlüssel zum Erfolg. Gehen Sie dabei nicht nur von sich selbst aus. Vielleicht werfen Sie kostenlose Anzeigenblätter immer sofort weg – aber diese Blättchen haben eine sehr große Reichweite. Schauen Sie noch einmal kritisch die Liste auf Seite 70 durch: Welche Medien kommen für Ihre Arbeit in Frage? Denken Sie dabei insbesondere auch an die Yellow Press (»Gala« usw.) und Kundenmagazine beim Bäcker, in der Apotheke usw. Diese Blätter haben eine enorme Verbreitung, und die Redaktionen sind dankbar für positive Inhalte, wie Stiftungen sie häufig zu bieten haben.

Auswahl der geeigneten Medien

Ähnlich wie bei Ihren anderen Zielgruppen können Sie auch bei den Medien unterscheiden: Identifizieren Sie eine Handvoll von Leitmedien, die für Sie besonders wichtig sind. Um diese Kontakte bemühen Sie sich sehr intensiv und versuchen, mit den zuständigen Redakteuren ins persönliche Gespräch zu kommen. Zusätzlich können Sie Pressemitteilungen auch breit streuen, zum Beispiel an alle Anzeigenblätter in einer Region, und darauf vertrauen, dass einige davon Ihre Meldung drucken.

Leitmedien identifizieren

> **Medienadressen**
> Die genauen Anschriften von Zeitungen, Zeitschriften und Sendern finden Sie im Impressum, im Telefonbuch und im Internet. Redaktionsanschriften finden Sie außerdem in den beiden folgenden Nachschlagewerken:
> - Stamm – Leitfaden durch Presse und Werbung, Stamm Verlag, 2 Bände mit insgesamt über 2000 Seiten, 61. Ausgabe 2008, 130 Euro zzgl. MWSt. (auch als Datenbank auf CD-ROM, ab 175 Euro zzgl MWSt.), www.stamm.de.
> - Zimpel Mediendatenbank, verschiedene Ausgaben, z.B. als Loseblatt-Sammlung, 305 Euro zzgl. MWSt., Datenbank ZDATA Einzelplatzlizenz 1.025 Euro zzgl. MWSt., www.zimpel.de.

Praxis-Tipp

Sie können Adressen auch von PR-Agenturen erwerben oder gegen Gebühr Ihre Pressemitteilungen von einer Agentur versenden lassen.

Strategische Öffentlichkeitsarbeit für Stiftungen

Beispiel: Der Versand einer Pressemitteilung per Fax (1 Seite) an den Verteiler »Jugend Publikumsmedien« kostet bei zimpel-xpress 200 Euro und eine einmalige Jahres-Abonnement-Gebühr von 120 Euro zzgl. MWSt.

Journalistenverteiler erstellen und pflegen

Verteiler Nachdem Sie die richtigen Ansprechpartner recherchiert haben, sollten Sie einen Journalistenverteiler erstellen – oder am besten mehrere. Die beste Lösung dafür ist eine Datenbank, in die Sie den Namen, die Kommunikationsdaten und weitere Informationen eintragen können. Außerdem sollten Sie Verteiler für verschiedene Zwecke erstellen und jeden Journalisten einem oder mehreren Verteilern zuordnen können. Solche Datenbanken können Sie kaufen oder mit einem Standard-Programm wie Microsoft Access oder Filemaker selbst erstellen. Achten Sie bei einer Datenbank darauf, dass Sie die Daten als Listen exportieren können, um einen Serienbrief mit Ihrer Textverarbeitung zu erstellen oder einen E-Mail-Verteiler einzurichten. Sie können natürlich auch einfache Listen von Hand pflegen, aber bei einer größeren Zahl von Journalisten wird das schnell unübersichtlich.

Basisdaten erfassen Sie sollten mindestens folgende Informationen über Journalisten speichern:
- Name (vollständig und korrekt!)
- Name der Zeitung oder des Senders
- Redaktion (Kultur, Politik, …)
- Postanschrift
- Telefon (Redaktion, mobil, privat)
- Telefax
- E-Mail-Adresse
- Bemerkungen

Weitere sinnvolle Informationen können sein: Wann fand der letzte Kontakt statt? Wann hat der Journalist zuletzt berichtet? Welchen Kommunikationsweg bevorzugt er (Brief, Fax, E-Mail)?

Falls Ihre Stiftung lokal begrenzt nur ein einziges Thema bearbeitet und Sie immer dieselben Journalisten ansprechen, reicht es, wenn

Pressearbeit – vom richtigen Umgang mit Journalisten

Sie diese in einer Datenbank oder Liste führen. Wenn Sie verschiedene Themen oder verschiedene Zielgruppen bedienen, sollten Sie die Journalisten in Verteilern zusammenfassen.

> **Mögliche Verteiler**
> - Zeitungen lokal/regional
> - Journalisten überregional
> - Journalisten »Gesundheitswesen«
> - TV Kulturredaktionen
> - Kulturforum »Sommer in X-Stadt«

Beispiel

Die Einrichtung und Pflege von Verteilern lohnt sich nur, wenn Sie sie mehrfach nutzen. Das kann allerdings auch schon bei einer größeren Veranstaltung der Fall sein, wenn Sie die Journalisten erst »vorwarnen«, dann einladen sowie kurzfristig noch einmal erinnern und nach der Veranstaltung nachfassen wollen.

> **Pressemitteilungen direkt vom PC als Serien-Faxe**
> Wenn Sie technisch etwas versiert sind (oder die entsprechende Unterstützung bekommen) und Ihr Computer über ein Fax-Modem verfügt, können Sie Ihre Datenbank so einrichten, dass Sie Pressemitteilungen direkt als Serien-Faxe aus dem PC absenden.

Praxis-Tipp

Verteiler müssen regelmäßig gepflegt werden. Zwar wird der Leiter der Lokalredaktion Ihrer örtlichen Zeitung nicht allzu häufig wechseln. Aber je größer die Zahl der Journalisten in Ihrer Datenbank ist, desto schneller veraltet der Verteiler insgesamt.

Etwa alle 12 bis 24 Monate sollten Sie Ihre Datenbank gründlich aktualisieren. Am einfachsten legen Sie einer Pressemitteilung, die Sie ohnehin verschicken, einen Antwortbogen bei. Dort sollte der Journalist alle wichtigen Kontaktdaten eingeben können (siehe Seite 88). Darüber hinaus sollten Sie Interessengebiete zum Ankreuzen angeben; damit können Sie die Verteiler entsprechend aktualisieren.

Verteiler pflegen

Strategische Öffentlichkeitsarbeit für Stiftungen

Botschaften formulieren

Sie wissen bereits, dass Sie Botschaften immer für die jeweilige Zielgruppe formulieren müssen. Für die Pressearbeit kommt nun noch etwas hinzu: Bevor Sie die Leser von Ihrer Botschaft überzeugen, müssen Sie erst einmal die Journalisten dazu bringen, über Ihre Arbeit zu berichten.

Entscheidungskriterien der Journalisten

Journalisten wählen ihre Themen nach folgenden Kriterien aus:
- Aktualität – das oberste Kriterium. Journalisten bei Tageszeitungen brauchen immer einen Anlass, um gerade heute über etwas zu berichten. Das gilt eingeschränkt auch für Wochenzeitungen und Magazine. Anlässe sind zum Beispiel Jahrestage (ein Jahr Bürgerstiftung), besondere Ereignisse (die zehnte Zustiftung, die erste Million) oder öffentliche Veranstaltungen. Notfalls können Sie Aktualität auch inszenieren, indem Sie eine Pressekonferenz veranstalten (siehe dazu Seite 94 f.) oder eine öffentlichkeitswirksame Aktion. Bestes Beispiel dafür sind die Aktivisten von Greenpeace, die mit spektakulären Aktionen auf Anliegen aufmerksam machen, die eigentlich Dauerthemen sind und sonst im Tagesgeschäft einfach untergehen.
- Lokaler Bezug: Welche Bedeutung hat die Botschaft für die Leser im Verbreitungsgebiet?
- Prominenz: Welche bekannten Personen kommen in der Nachricht vor?
- Skandal: Welche unhaltbaren Zustände werden aufgedeckt? Wer ist schuld?

Unterlagen für Journalisten vorbereiten

Pressemappen zusammenstellen

Journalisten sind, wie wir alle, bequeme Menschen. Sie sind dankbar für jede Arbeit, die ihnen abgenommen wird. Je mehr Sie ihnen entgegenkommen, desto größer sind die Chancen, dass Ihre Meldungen gedruckt werden. Für Sie bedeutet das: Stellen Sie in Pressemappen Text- und Bildmaterial zur Verfügung, das die Journalisten ohne große Mühe verwenden können.

Pressemitteilungen formulieren

Um eine gute Pressemitteilung zu schreiben, brauchen Sie keine journalistische Ausbildung. Die folgenden Regeln können Ihnen helfen:

- Aufbau: Das Wichtigste an den Anfang – Journalisten streichen vom Textende her. Alle wesentlichen Informationen müssen im ersten Absatz stehen (der natürlich nicht unendlich lang sein darf!). In den anschließenden Absätzen liefern Sie Hintergrundinformationen, und im letzten Absatz steht die Vorgeschichte. Die gleiche Gliederung beachten Sie innerhalb der einzelnen Absätze. Idealerweise stehen alle Essentials im ersten Satz.
- Vollständigkeit: Beantworten Sie unbedingt die fünf W-Fragen: Wer macht was wann wo warum? Sie können natürlich auch noch weitere Informationen geben.
- Genauigkeit: Nennen Sie alle Personen mit Vor- und Nachname sowie Funktion. Verwenden Sie nur Abkürzungen, die Sie vorher erklärt haben. Beispiel: »Hermann Müller, Vorsitzender der Michael-Mustermann-Stiftung (MMS), erklärte, dass die MMS sich zukünftig stärker für behinderte Menschen einsetzen wird.« Teilen Sie bei Veranstaltungen den genauen Ort mit Anschrift und Parkmöglichkeiten sowie die Anfangszeit, den Ablauf und die Teilnehmer (mit Namen und Funktionen) mit.
- Stil: Nachrichten sind praktisch, nicht schön. Schreiben Sie kurze Hauptsätze, gehen Sie sparsam mit Kommata um. Prägnante Zitate in wörtlicher Rede sind gut, während umständliche Erklärungen zur Vorgeschichte sowie verschachtelte Sätze nicht vorkommen dürfen. Formulieren Sie alles aktiv, vermeiden Sie das Passiv. Schreiben Sie, wie in der Zeitung, aus einer neutralen Warte (nicht: »Wir werden im nächsten Jahr…«, sondern: »Die Müller-Stiftung wird im nächsten Jahr…«).
- Inhalt: Eine Meldung – eine Botschaft. Wenn Sie mehrere Botschaften mitzuteilen haben, geben Sie mehrere Meldungen heraus.
- Form: Drucken Sie die Meldungen einseitig, mit doppeltem Zeilenabstand, 60 bis 70 Anschläge pro Zeile. Nicht vergessen: vollständigen Absender, namentlich benannten Ansprechpartner mit Kontaktadresse, E-Mail und Telefonnummer für Nachfragen.
- Länge: Kaum eine gedruckte Nachricht ist länger als 20 bis 30 Zeilen (mit je 30 bis 40 Zeichen). Sie können das Kürzen dem Redakteur überlassen (der aus Ihrer Sicht garantiert das Falsche streicht!) oder sich selbst die Mühe machen.

Strategische Öffentlichkeitsarbeit für Stiftungen

Praxis-Tipp

> **Zur Lektüre**
> Eine gute Pressemitteilung ist wie ein kleiner Artikel. Wenn Sie mehr über das Schreiben lernen möchten, zum Beispiel über gute Einstiege, analysieren Sie ab und zu die Nachrichten in Ihrer Zeitung.
> Aus der Vielzahl guter Bücher drei Empfehlungen:
> - Friedrich-Ebert-Stiftung (Hrsg.): Erfolgsfaktor Öffentlichkeitsarbeit. Ein Leitfaden für die PR-Arbeit von Vereinen und Verbänden, 3. Auflage, Bonn 2001.
> - Claudia Cornelsen: Das 1x1 der PR, 4. Auflage, Berlin 2002.
> - Walther von La Roche: Einführung in den praktischen Journalismus, 17. Auflage, Berlin 2006.

Bildmotive anbieten

Nichts zieht die Aufmerksamkeit von Lesern so an wie gute Bilder. Und nichts freut einen Lokalreporter mehr, als endlich mal ein interessantes Motiv zu finden. Wenn Sie dem Redakteur ein gutes Bildmotiv (oder gleich ein gutes Foto) anbieten können, steigt die Chance erheblich, dass Ihre Botschaft in der Zeitung wahrgenommen wird.

Gute Pressefotos

Was zeichnet ein gutes Pressefoto aus?
- Ein gutes Foto hat eine Botschaft. Schon dem Foto selbst soll man eine Aussage entnehmen können: wütende Menschen vor einem Werkstor, ein strahlendes Kind, zwei wichtige Persönlichkeiten an einem ungewöhnlichen Ort.
- Ein gutes Foto ist »anders«. Die Zeitungen sind voll von langweiligen Fotos: Hände schüttelnde Honoratioren, große Gruppen von Menschen, die unmotiviert herumstehen, nichts sagende Hausfassaden, immer gleiche Info-Stände. 90 Prozent der Pressefotos zeigen Menschen, zumeist als einfallslose Porträts. Suchen Sie für Ihr Foto eine besondere Perspektive: ein interessantes Detail, ein Kopf im Profil, Menschen in Aktion, der Blick über die Schulter.
- Fotos brauchen einen Zusammenhang. Die Botschaft des Fotos ist fast immer nur ein Teil der Geschichte. Den Kontext müssen Sie

mitliefern. Beachten Sie wieder die fünf W: Wer macht was wann wo warum? Verfassen Sie zu jedem Bild einen kurzen Begleittext in Form einer Nachricht. Geben Sie auch an, wer das Foto gemacht hat.

> **So gelingen Fotos**
> - »You can't get close enough.« Vermeiden Sie Aufnahmen mit Weitwinkel, die alles zeigen sollen – dann sieht man nämlich nachher gar nichts. Am besten gehen Sie mit einem Normalobjektiv (50 mm Brennweite) dicht an Ihr Objekt heran.
> - Machen Sie immer mehrere Fotos. Fotografen sagen, dass die Ausbeute eines 36er-Films meist nur ein bis zwei gute Bilder sind.
> - Probieren Sie verschiedene Perspektiven aus. Gehen Sie einmal weiter weg, einmal näher heran. Versuchen Sie es von der Seite. Gehen Sie in die Hocke oder steigen Sie auf einen Stuhl, um eine ungewöhnliche Einstellung zu finden.
> - Nehmen Sie die kürzeste Verschlusszeit, die möglich ist: 90 Prozent der unscharfen Bilder sind einfach verwackelt.
> - Nehmen Sie genügend Filme und Batterien mit. Prüfen Sie vor Ihrem Termin, ob der Blitz funktioniert.
> - Aus fertigen Bildern, die zu viele unwichtige Details enthalten, können Sie durch geschicktes Anschneiden oder eine Ausschnittsvergrößerung das gute Motiv heraus isolieren. Journalisten haben dafür in der Regel einen Blick: Liefern Sie ihnen auch die vollständigen Fotos und nicht nur die Ausschnitte.
> - Wenn Sie Fotos digital zur Verfügung stellen, sollten sie eine Auflösung von 300 dpi bei voller Farbtiefe haben. Sie können sie im JPEG-Format speichern, sollten sie aber nicht zu stark komprimieren (Qualität bei 90 Prozent). Für den Zeitungsdruck reichen schon Fotos im Format 9 x 12 cm (1080 x 1440 Pixel). Fotos sollten technisch einwandfrei sein.

Praxis-Tipp

Wenn Sie nicht selbst ein Foto machen wollen oder können, oder wenn es sich um einen aktuellen Termin handelt (zum Beispiel eine Ortsbegehung oder eine Pressekonferenz), sorgen Sie dafür, dass die Pressefotografen interessante Motive vorfinden. Inszenieren Sie Bilder

Fotos brauchen eine Botschaft

Strategische Öffentlichkeitsarbeit für Stiftungen

und Hintergründe, indem Sie den Ort des Geschehens mit Transparenten, Schildern, Pflanzen oder anschaulichen Gegenständen dekorieren. Wenn Ihre Stiftung die medizinische Forschung fördert, stellen Sie ein interessantes Gerät bereit (am besten in Aktion). Wenn Sie Kunst unterstützen, besuchen Sie einen Künstler in seinem Atelier und zeigen Sie ihn bei der Arbeit. Wenn Sie Geld an ein Jugendprojekt geben, bieten Sie nicht die Scheckübergabe als Motiv an, sondern laden Sie die Journalisten ein, die Jugendlichen beim Hämmern und Spielen auf dem neuen Bauspielplatz zu besuchen.

Praxis-Tipp

> **Zur Lektüre**
> Wenn Sie mehr darüber erfahren wollen, wie man gute Pressefotos macht und wie Bildjournalisten arbeiten, empfehlen wir Ihnen das folgende Buch:
> - Rolf Sachsse (Hrsg.): Bildjournalismus heute – Beruf, Ausbildung, Praxis, Berlin 2003

Pressekonferenzen vorbereiten und durchführen

Regeln für den Umgang mit Journalisten

Sie wollen mit Journalisten ins Gespräch kommen. Beachten Sie dabei die folgenden Regeln:
- Haben Sie genug zu sagen? Wenn Sie ihre Botschaft auch mit einer kurzen Pressemitteilung vermitteln können, verzichten Sie auf eine Pressekonferenz.
- Suchen Sie einen geeigneten Raum: hell und freundlich, gut zu erreichen mit PKW und öffentlichen Verkehrsmitteln, außerdem mit ausreichenden Parkplätzen.
- Datum: Achten Sie darauf, dass Sie mit Ihrem Termin nicht mit anderen wichtigen Ereignissen am Ort in Konflikt geraten. Wenn Sie sich an eine bestimmte Fachpresse wenden, prüfen Sie, welche anderen fachspezifischen Termine anstehen. Eventuell können Sie Ihre Pressekonferenz mit einem solchen Ereignis verbinden und ihr dadurch Aktualität verleihen. Außerdem sind die Journalisten dann ohnehin schon einmal alle dort.

Pressearbeit – vom richtigen Umgang mit Journalisten

- Uhrzeit: Erkundigen Sie sich bei den wichtigsten Medien vor Ort, wann dort die Redaktionskonferenzen stattfinden. Gut geeignet für Ihre Pressekonferenz ist ein Termin am Vormittag nach der Frühkonferenz. Dann können die Medien noch morgens über die Teilnahme entscheiden. Bei Zeitungen ist am späten Nachmittag oder am frühen Abend Redaktionsschluss, kurz davor kann niemand mehr zu einem Termin kommen. Tagesaktuelle Fotos sind dann auch nicht mehr möglich. Abendtermine sind bei Journalisten unterschiedlich beliebt, aber zumeist gibt es davon schon zu viele.
- Laden Sie etwa zwei Wochen vor dem Termin ein. Legen Sie eine Einladungsliste mit Namen und Adressen an. Die Einladung muss vollständig sein: Thema, Ort, Zeit, Teilnehmer, Hintergrundinformationen. Legen Sie einen Anmeldebogen bei, der zurückgeschickt oder -gefaxt werden kann. Aktualisieren Sie mit den Rückmeldungen Ihren Verteiler.
- Rufen Sie die drei bis fünf wichtigsten Journalisten persönlich an und erkundigen Sie sich, ob die Einladung angekommen ist und ob Sie mit einer Teilnahme rechnen können.
- Einige Tage vor dem Termin können Sie eine zweite Einladung verschicken oder telefonisch nachfassen (»… haben noch nichts von Ihnen gehört und wollten uns erkundigen …«). Wenn jemand verhindert ist, sollten Sie anbieten, die Informationen zuzuschicken, ggf. mit Fotos.
- Wenn Sie zu wenige Zusagen haben, versenden Sie am Abend vorher oder am Morgen der Veranstaltung noch einmal die Einladung per Fax. Vielleicht hat ein freier Mitarbeiter, der am Morgen in die Redaktion kommt, noch kein Thema für den Tag.

Am Tag der Pressekonferenz bereiten Sie frühzeitig den Raum vor. Für alle Redner gibt es große Namensschilder. In einem kleinen Raum benötigen Sie keine Mikrofone. Stellen Sie nicht viel mehr Stühle auf, als Sie Journalisten erwarten. Bei einer kleinen Zahl können Sie auch um einen Tisch herum sitzen. Stellen Sie Getränke und gegebenenfalls Schnittchen bereit – das hebt die Laune der Journalisten. Bereiten Sie Pressemappen vor, die alle Unterlagen noch einmal enthalten, auch wenn Sie diese schon verschickt haben. Folgendes gehört in die Pressemappe:

Vorbereitung des Konferenzraums und der Unterlagen

Strategische Öffentlichkeitsarbeit für Stiftungen

Inhalt der Pressemappe
- die aktuelle Pressemitteilung
- die Statements der Redner im Wortlaut
- eine Vorstellung aller Redner mit Vorname, Name, Alter und Funktion
- eine Kurzdarstellung Ihrer Stiftung oder Ihres Projekts
- ggf. ein bis drei gute Fotos (schwarz-weiß oder Farbe), jeweils mit Begleittext

Verlauf der Pressekonferenz

Die eigentliche Pressekonferenz sollte weniger als eine Stunde dauern. Folgender Ablauf hat sich bewährt.
- Sorgen Sie dafür, dass spätestens eine halbe Stunde vor Beginn jemand die Journalisten in Empfang nimmt und ggf. Wünsche für Einzelinterviews notiert. Auch die Pressemappen sollten bereits zur Verfügung stehen.
- Fangen Sie möglichst nicht mit mehr als fünf Minuten Verspätung an, auch wenn noch nicht alle Journalisten eingetroffen sind.
- Der Moderator begrüßt die Journalisten, stellt die Teilnehmenden vor und gibt Informationen zum geplanten Ablauf.
- Jeder Redner gibt ein Eingangs-Statement, das auf keinen Fall länger als fünf bis zehn Minuten dauern sollte. (Denken Sie daran, wie wenig Information nachher in der Zeitung stehen kann. Kommen Sie auf den Punkt und verwirren Sie die Journalisten nicht mit zu vielen Details.)
- Anschließend können die Journalisten Fragen stellen. Der Moderator ruft die ihm bekannten Journalisten mit Namen auf. Bitten Sie die übrigen, sich vor ihrer Frage kurz vorzustellen (Name und Medium). Wenn keine Fragen kommen, sollte der Moderator selbst eine parat haben, um das Gespräch in Gang zu bringen.
- Beenden Sie die Pressekonferenz nach der vorgesehenen Zeit oder wenn keine Fragen mehr kommen.
- Weisen Sie darauf hin, dass im Anschluss noch die Gelegenheit zu persönlichen Gesprächen oder Einzelinterviews besteht. Nutzen Sie diesen Small-Talk, um mit den Journalisten ins Gespräch zu kommen, und bringen Sie sie zum Reden – wer sonst nur zuhört, hört sich selbst auch einmal gerne. Auf diese Weise erzeugen Sie eine gute Atmosphäre; zudem finden Sie heraus, ob Ihre Botschaften richtig angekommen sind, und können ggf. noch nachsteuern.

Wenn Sie eine Ortsbesichtigung oder Ähnliches vorhaben, ist es empfehlenswert, sich vorher kurz in einem Raum zu treffen, die Beteiligten vorzustellen (damit sie unterwegs angesprochen werden können) und anzukündigen, was danach zu sehen sein wird (damit die Journalisten auf die richtigen Dinge achten). Sorgen Sie unterwegs für Bildmotive. Stehen Sie anschließend noch einmal für Fragen und Gespräche zur Verfügung.

Besuche vor Ort

> **Alternativen zur Pressekonferenz**
> - Hintergrundgespräch: Hier laden Sie einen kleinen Kreis von Journalisten ein, um über Hintergründe und Zusammenhänge zu informieren. Ein Hintergrundgespräch kommt in Betracht, wenn Sie möchten, dass Journalisten bestimmte zukünftige Ereignisse besser verstehen und einordnen können. Üblicherweise wird über den Inhalt eines solchen Gesprächs nicht unmittelbar berichtet, aber vielleicht nimmt es ein Journalist zum Anlass, eine größere Geschichte zu recherchieren.
> - Pressefrühstück: Sie können Journalisten auch zum Frühstücken einladen. Dabei müssen Sie keine großen Köstlichkeiten auffahren. Sorgen Sie lieber für einen interessanten Gast, vielleicht einen ausländischen Besuch oder den Vertreter einer Einrichtung, die von Ihrer Stiftung gefördert wird.

Praxis-Tipp

Medienecho auswerten

Nach einer Pressekonferenz, aber auch nach dem Versand einer Pressemitteilung sollten Sie prüfen, was, von wem und wie viel berichtet worden ist. Besorgen Sie sich die lokalen Zeitungen. Verabreden Sie mit Hörfunk- und Fernsehjournalisten, dass Sie einen Mitschnitt bekommen. Wenn Journalisten, die Ihnen sonst gewogen sind, nicht über Sie berichtet haben, fragen Sie ruhig nach den Gründen. Vielleicht gab es einfach zu viele andere Ereignisse und keinen Platz in der Zeitung. Vielleicht war Ihre Geschichte aber auch nicht interessant genug, oder es fehlte ein gutes Bildmotiv.

Auswertung der Medienberichte

Strategische Öffentlichkeitsarbeit für Stiftungen

Analysieren Sie die Berichterstattung: Ist Ihre Botschaft richtig angekommen und wiedergegeben worden? Seien Sie nicht zu genau: Einige Ungenauigkeiten und kleinere Missverständnisse lassen sich nie vermeiden. Versuchen Sie, beim nächsten Mal noch prägnanter und kürzer zu formulieren. Hat der Journalist aber völlig daneben gelegen, rufen Sie in der Redaktion an und bieten Sie freundlich an, das Missverständnis aufzuklären.

Praxis-Tipp

> **Ausschnittdienste helfen bei der Auswertung**
> So genannte Ausschnittdienste bieten an, das Medienecho für Sie nach bestimmten Kriterien auszuwerten. Sie erhalten dann die Zeitungsausschnitte (»Clippings«) zugesandt, zusammen mit Angaben zur Zeitung (Auflage, Erscheinungstermin). Das bietet sich insbesondere an, wenn Sie überregional aktiv geworden sind, ist aber nicht ganz billig.
> Ausschnittdienste finden Sie im Internet unter dem Stichwort »Medienbeobachtung«.

Kommunikationsplanung

Wenn Sie die Öffentlichkeitsarbeit als strategisches Instrument zur Positionierung Ihrer Stiftung oder zur Begleitung Ihrer Projekte einsetzen, müssen Sie auch die Kommunikation längerfristig planen.

Grundsätzliches Zur Planung haben Sie im ersten Kapitel schon Einiges erfahren. Zu den spezifischen Anforderungen der Kommunikationsplanung daher nur die folgenden Stichworte:

- Was wollen Sie mit Ihrer Öffentlichkeitsarbeit erreichen? Definieren Sie mittel- und langfristige Kommunikationsziele.
- Überlegen Sie, welche Schritte notwendig sind, um diese Ziele zu erreichen (Zielgruppen, Instrumente).
- Bei der Zeitplanung beginnen Sie in der Regel von dem Zeitpunkt aus, zu dem das Ziel erreicht werden soll. Planen Sie von dort aus rückwärts. Berücksichtigen Sie zeitliche Puffer.
- Verzahnen Sie Ihre Kommunikationsstrategie mit Ihrer Programm- und Projektplanung. Wenn Sie auf einem bestimmten Gebiet etwas

ändern wollen, sollten Sie dort auch die inhaltliche Führungsposition (Meinungsführerschaft) anstreben.
- Berücksichtigen Sie bei der Budgetplanung auch die Kosten für die Verbreitung Ihrer Projektergebnisse. Was nützen die besten Ergebnisse, wenn niemand davon erfährt? Widerstehen Sie der Versuchung, bei Budgetproblemen zuerst bei der Kommunikation zu streichen. Prüfen Sie, ob Ihre Mittel eine professionelle Begleitung durch eine Agentur zulassen, um die Wirkung zu erhöhen.
- Prüfen Sie regelmäßig, ob Ihre Öffentlichkeitsarbeit im geplanten Umfang erfolgreich ist. Ist dies nicht der Fall, steuern Sie frühzeitig nach, damit für das Ende der Projektlaufzeit eine genügend große Verbreitung sichergestellt ist.

Die Autoren

Dirk Eilinghoff
ist Project Manager in der Bertelsmann Stiftung

RA Dr. Christian Meyn
ist Geschäftsführer der gemeinnützigen Auxilium GmbH

Dr. Karsten Timmer
ist Geschäftsführer der panta rhei Stiftungsberatung

> Weitere Informationen zum Thema Stiften finden Sie auf unserer Internet-
> seite www.ratgeber-stiften.de, zum Beispiel:
> - Mustertexte
> - Gesetzestexte
> - Förderrichtlinien
> - Adressen
> - Verweise auf interessante Informationsangebote im Internet
> - aktuelle Ergänzungen zu diesem Ratgeber

Publikationen

Reihe Orientierung für soziale Investoren

Bertelsmann Stiftung (Hrsg.)

Ohren auf!
Musik für junge Menschen

2008, 52 Seitem, Broschur
€ 10,– [D] / SFr. 18,70
ISBN 978-3-86793-010-9

»Ohren auf! Musik für junge Menschen« aus der neuen Reihe »Orientierung für soziale Investoren« belegt empirisch, welche Wirkung passiver Musikkonsum oder aktives Musizieren auf Kinder und Jugendliche hat. Darüber hinaus gibt der erste Report aus der neuen Reihe einen Überblick, wie und wo Musik zum Wohle junger Menschen eingesetzt wird und welche Qualitätsmerkmale eine gute musikpädagogische Arbeit auszeichnen. Die Breitenbildung wird dabei ebenso berücksichtigt wie der Einsatz von Musik für Teilzielgrup-pen wie kranke, schwerbehinderte oder sozial benachteiligte Kinder und Jugendliche. Stifter, Spender und engagierte Unternehmen erhalten konkrete Förderempfehlungen und lernen verschiedene Organisationen und Initiativen kennen.

Bertelsmann Stiftung (Hrsg.)

Mitmachen, Mitgestalten!
Junge Menschen für gesellschaftliches Engagement begeistern

erscheint im Dezember 2008
ca. 52 Seiten, Broschur
€ 10,– [D] / sFr. 18,70
ISBN 978-3-86793-011-6

Gesellschaftliches Engagement junger Menschen stellt nicht nur eine wertvolle Ressource für die Gesellschaft dar, sondern stärkt darüber hinaus die Persönlichkeit und das Verantwortungsbewusstsein der ehrenamtlich Engagierten. Die Handlungsansätze, wie junge Menschen im Alter von vier bis 25 Jahren wirkungsvoll für soziales Handeln und politische Partizipation im eigenen Lebensumfeld gewonnen werden können, sind vielfältig. Der Förderbedarf ist groß. Ein finanzielles Engagement für den richtigen Ansatz kann deshalb viel bewegen. Der Report »**Mitmachen, mitgestalten! Junge Menschen für gesellschaftliches Engagement begeistern**« gibt einen Überblick über dieses Themenfeld, zeigt die Förderlücken auf und stellt beispielhaft gemeinnützige Organisationen mit einem wirkungsvollen Handlungsansatz vor.

Publikationen

Reihe Ratgeber Stiften

Petra Meyer, Christian Meyn, Karsten Timmer

Ratgeber Stiften
Band 1: Planen – Gründen – Recht und Steuern

5., aktualisierte und überarbeitete Auflage 2008
€ 12,– [D] / sFr. 22,30
ISBN 978-3-89204-725-4

Der erste Band in der Reihe »Ratgeber Stiften« unterstützt Stifterinnen, Stifter und ihre Berater bei der Vorbereitung einer Stiftungsgründung. Neben den rechtlichen und steuerlichen Grundlagen erfahren Sie Grundlegendes zur strategischen Ausrichtung Ihrer Stiftung. Wir zeigen Ihnen die vielfältigen Möglichkeiten des Stiftungswesens auf und machen Sie mit den wesentlichen Schritten der Planung und Gründung einer Stiftung vertraut. Informationen zur effizienten Führung und Verwaltung einer Stiftung runden den Ratgeber ab.

Ziel des Ratgebers ist es, wichtige Informationen praxisnah aufzubereiten. Die Darstellung ist daher übersichtlich gegliedert und durch Beispiele, Praxis-Hinweise und Checklisten ergänzt.

Ina Epkenhans, Volker Then

Ratgeber Stiften
Band 3: Stiftungsorgane – Gremienentwicklung – Mitarbeiter

2. Auflage 2007, 101 Seiten, Broschur
€ 15,– [D] / sFr. 27,40
ISBN 978-3-89204-783-4

Die Stiftungsarbeit lebt nicht vom Geld allein, sondern setzt die Mitarbeit von engagierten Menschen zwingend voraus. Jede Stiftung braucht ein Mindestmaß an Organisation, d.h. ein oder mehrere Stiftungsorgane mit Personen, die die Bereitschaft mitbringen, sich über einen längeren Zeitraum für einen spezifischen Stiftungszweck einzusetzen. Ehrenamtliches Engagement in Stiftungsorganen ist für jede Stiftung essentiell.

Dieser dritte Band hat drei Schwerpunkte. Er beschäftigt sich zum einen mit der Führungs- bzw. Gremienstruktur einer Stiftung und ihrer personellen Besetzung durch Ehrenamtliche. Der zweite Teil widmet sich der effizienten Gestaltung der Gremienarbeit. In einem dritten Teil beschäftigt sich der Ratgeber schließlich mit der Frage, wie eine kooperative Zusammenarbeit mit Freiwilligen, Hauptamtlichen und externen Beratern in der Stiftungsarbeit optimal gestaltet werden kann.